CORTE Y CONFECCION

1

CORTE Y CONFECCION

1

ediciones
ceac

Perú, 164 - 08020 Barcelona - España

© E.T.A.F.

Editado por
EDICIONES CEAC, S. A.
Perú, 164 - 08020 Barcelona (España)

3.ª edición: Marzo 1990

ISBN 84-329-3201-9

Depósito Legal: B-12078 - 1990

Impreso por
GERSA, Industria Gráfica
Tambor del Bruc, 6
08970 Sant Joan Despí (Barcelona)

Printed in Spain
Impreso en España

Introducción

Estamos acostumbrados a entrar en las tiendas, a elegir los modelos que nos gustan o que nos impone la moda y a salir de la tienda con los modelos escogidos.

A primera vista, éste sería el proceso normal de satisfacer hoy día la necesidad del vestir en la mayoría de las personas. Sin embargo, este proceso aparentemente normal ara satisfacer la necesidad del vestir esconde muchos deseos y aspiraciones no correspondidos. Cuántas veces las ilusiones, al entrar en la tienda tras contemplar detenidamente el escaparate, no se ven correspondidas con las compras realizadas: me gustaría este modelo, pero no está mi talla; elegiría este otro, pero el presupuesto no llega; me gusta esta forma, pero el color no me va...

Pues bien, este proceso casi único para muchas personas hoy día, no era tan exclusivo hace sólo una generación. Nuestras madres y mucho más nuestras abuelas confeccionaban gran parte de las prendas de vestir que usaba la familia, y muchas de ellas ¡con cuánto gusto y maestría!

Pero no hay duda de que esta costumbre ha ido perdiéndose poco a poco por una serie de presiones sociológicas, justificadas unas veces e injustificadas otras: muchas veces, el trabajo de la mujer fuera del hogar no ha dejado tiempo suficiente para estos trabajos, y otras, un cierto menosprecio por lo que considerábamos «labores caseras» ha contribuido a esta pérdida allí donde la necesidad no lo exigía.

Sin embargo, sólo a la vuelta de una generación, las cosas han cambiado. El «hágaselo usted mismo» vuelve a recuperar trabajos que nuestra generación encomendó de forma habitual a manos aajenas, y muchas mujeres recuerdan ahora con cierta envidia la destreza en el corte y confección de sus mayores.

Por eso, esta necesidad y demanda creciente nos ha movido a editar estos 2 tomos de **Corte y Confección** con una metodología muy concreta: así como comenzamos a aprender el abecedario, que después nos permitió leer cualquier texto, así también nosotros hemos buscado el abecedario del corte de patrones y confección de los mismos, que nos permita después realizar cualquier modelo deseado.

Aunque la forma y medida de las prendas de vestir es muy variable, pues cada persona necesita un patrón diferente adecuado a sus formas físicas y al modelo deseado, todas ellas están basadas en unos patrones-tipo que después se combinan y transforman en los modelos elegidos.

Por eso, estos libros de Corte y Confección van guiando paso a paso en la forma de realizar estos patrones-tipo y su posterior transformación en modelos concretos, para cortarlos después sobre la tela. Igualmente enseña la forma de confeccionar los modelos, armado, prueba y remate de las prendas.

Y como auténtica novedad en libros sobre «Corte y Confección» se ofrecen los **Ejercicios de Interpretación de Modelos** al final del segundo volumen, en los que se presentan diversos modelos y una serie de patrones, entre los cuales la lectora deberá hallar el que corresponde a cada uno de aquéllos. Al final del libro aparecen las correspondientes **Soluciones.** El objetivo primordial de estos Ejercicios es desarrollar la capacidad y poner en práctica los conocimientos adquiridos a través del libro.

1

Nociones elementales para el trazado de patrones

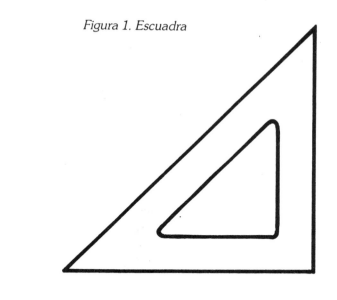

Figura 1. Escuadra

Figura 2. Regla milimetrada

Utiles necesarios
para el trazado de patrones

Para realizar el trazado de los patrones son necesarios los siguientes elementos:

- Una escuadra (Fig. 1)
- Una regla milimetrada (Fig. 2)
- Un lápiz negro
- Un lápiz rojo
- Una goma de borrar
- Unas tijeras

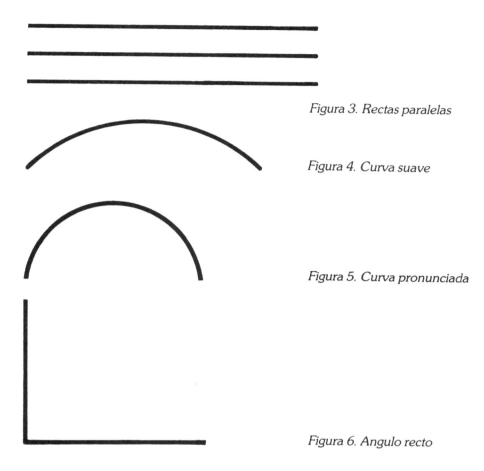

Figura 3. Rectas paralelas

Figura 4. Curva suave

Figura 5. Curva pronunciada

Figura 6. Angulo recto

Clases de líneas

Antes de empezar con el trazado de los patrones, explicaremos las diferentes clases de líneas, que nombraremos muchas veces y por lo tanto es conveniente conocer.

Las líneas paralelas son dos o más líneas que siguen la misma dirección. (Fig. 3.)

La línea curva suave es la línea que no es recta y los puntos que la forman van cambiando de dirección. (Fig. 4.)

La curva pronunciada es parecida a la anterior, pero más marcada. (Fig. 5.)

Para trazar un patrón, lo primero que se hace es dibujar un ángulo. Hay varias clases de ángulos, pero el que usaremos más es el ángulo recto. (Fig. 6.)

Figura 7. La medida AB tomada en este gráfico corresponde a 3 cm y 7 mm

El ángulo recto está formado por dos líneas rectas, una vertical y otra horizontal, que se juntan en un punto llamado vértice.

Ejemplo: los dos lados más cortos de la escuadra.

Forma de indicar las medidas

Para trazar un ángulo nos serviremos de la escuadra y para las líneas largas, de la regla, que tiene marcados los centímetros y milímetros.

Para abreviar, escribiremos centímetros y milímetros de la siguiente manera:

cm = centímetros

mm = milímetros

5 cm quiere decir, cinco centímetros

6 mm quiere decir, seis milímetros

El metro tiene cien centímetros o mil milímetros.

El centímetro tiene diez milímetros.

Cuando una medida consta de centímetros y milímetros, se escribe así:

3,7 = tres centímetros y siete milímetros.

En la figura 7 está expresada gráficamente esta medida.

El trazado de patrones lo hará con lápiz negro, y, después de terminado, perfilará todas las líneas de su contorno con lápiz rojo, con el fin de que destaque el dibujo del patrón; o sea, que las líneas que en los grabados se ven más negras usted al hacer el patrón grande, debe repasarlo con rojo para que se dé más cuenta del trazado del patrón

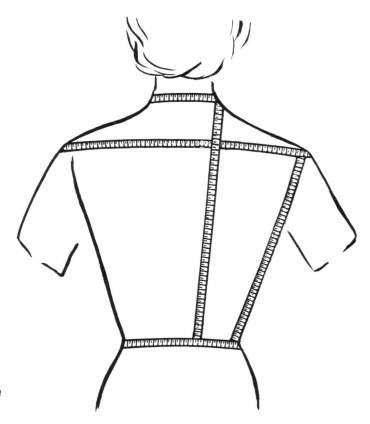

Figura 8. Medidas a tomar en la
espalda

Medidas que se requieren para el trazado de patrones

Antes de dibujar un patrón, se debe poner mucho cuidado en tomar bien las medidas, porque esto es muy importante para que al cortar los patrones salgan exactos.

Medidas de la espalda y del delantero

En las figuras 8 y 9 se indica la forma cómo se deben tomar las medidas de la espalda y del delantero.

Ancho de espalda

Esta medida se toma desde el extremo de un hombro hasta el extremo del otro.

Largo de talle

Se toma la medida de largo de talle poniendo la cinta métrica desde el hombro, junto al cuello, hasta la cintura y hacia el centro.

Altura de hombro

Comprende desde el extremo del hombro hasta la cintura.

Contorno de cintura

Para esta medida se rodea la cintura con la cinta métrica ajustada.

Largo de talle delantero

Se toma esta medida desde el hombro junto al cuello, hasta la cintura y pasando la cinta métrica por la parte más saliente del pecho.

Contorno del cuello

Se ciñe la cinta métrica alrededor del cuello por la parte más baja.

Contorno de pecho

Esta medida se toma alrededor de la espalda y el pecho, pasando la cinta métrica por la parte más saliente del mismo, como se indica en la figura 9. A esta medida se le añaden 4 cm para que la prenda resulte más holgada.

Ancho de pecho delantero

Es la medida que se toma desde el centro de una axila a otra pasando por la parte más saliente del pecho.

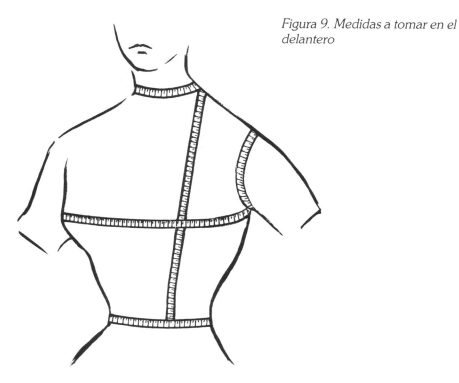

Figura 9. Medidas a tomar en el delantero

Contorno de sisa

Según se ve en la figura 9, esta medida se toma rodeando el brazo con la cinta métrica por su parte más alta y por debajo de la axila.

Medidas de la manga

Las figuras 10 y 11 indican la forma de tomar las medidas de la manga.

Largo total de manga

Esta medida se toma desde el extremo del hombro hasta la muñeca, haciendo pasar la cinta métrica por el codo, teniendo el brazo doblado. (Fig. 10.)

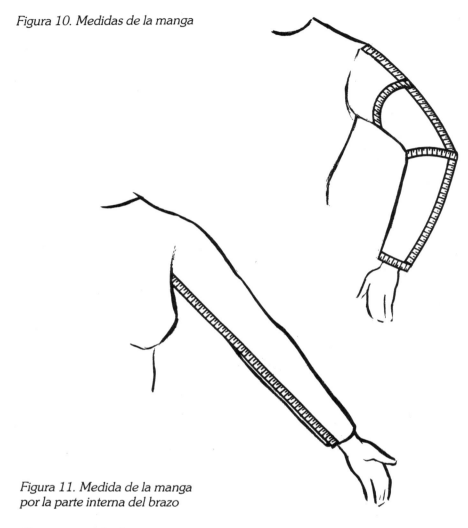

Figura 10. Medidas de la manga

Figura 11. Medida de la manga
por la parte interna del brazo

Contorno de la muñeca

Se toma la medida rodeando la muñeca y se añaden luego los centímetros necesarios para darle la anchura que se desee dar a la manga.

La medida de sisa ya está explicada en las medidas del cuerpo.

Largo bajo brazo

Esta medida se toma con el brazo estirado, tal como se ve en la figura 11, desde el centro de la axila hasta la muñeca.

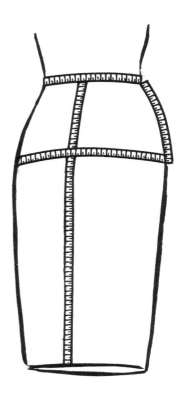

Figura 12. Medidas a tomar en la falda

Medidas de la falda

La figura 12 indica cómo se toman las medidas de la falda.

Altura de cadera

Se toma desde la cintura, por el costado, hasta la parte más saliente de la cadera.

Contorno de cintura

Se pasa la cinta métrica alrededor de la cintura.

Contorno de cadera

Como se ve en la figura 12, se toma esta medida rodeando la cadera y se añaden 4 cm para que no resulte ceñida.

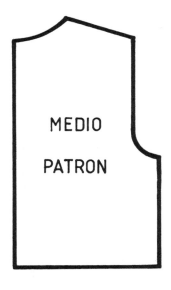

Figura 13. Cuando el modelo que se realice tenga las dos mitades iguales, se traza solamente medio patrón

Largo de falda

Se parte de la cintura, dándole a la falda el largo que se desee.

Largo total

Esta medida se emplea para abrigos o cualquier prenda que no vaya cortada a la cintura. Se toma desde el hombro, junto al cuello, hasta el largo que se desee.

Explicación del patrón-tipo

El patrón-tipo, se puede decir que es el molde del cuerpo que nos sirve para poder cortar con exactitud toda clase de prendas en tela. Primero es necesario estudiar muy bien los patrones-tipos, para luego poder cortar sin dificultad toda clase de modelos que se le presenten.

Patrón-tipo, corto recto

El patrón completo de una prenda consta de dos piezas: espalda y delantero. De ambas piezas sólo trazaremos medio patrón como se ve en la figura 13.

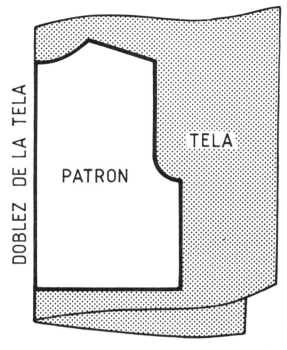

Figura 14. El medio patrón se coloca sobre la tela doblada

Esta norma, debe seguirse siempre que el modelo que deseemos hacer tenga las dos mitades iguales.

Por ejemplo: Para cortar la espalda, se traza medio patrón y luego, para que resulte completa, se coloca éste sobre la tela doblada, como indica la figura 14.

Al desdoblar la tela tendremos la espalda completa, como vemos en la figura 15.

Trazado del patrón corto

Lo primero que hay que hacer, al ir a trazar un patrón, es tomar las medidas a aquella persona a quien vamos a destinar la prenda que queremos cortar.

Para hacerle a usted más fácil el comienzo del estudio de patrones veremos el proceso que se sigue.

Vamos a empezar por el patrón-tipo de la espalda.

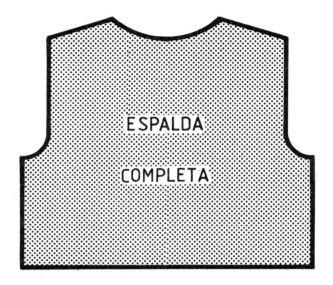

Figura 15. Después de cortar el medio patrón sobre la tela, obtendremos la pieza completa, en este caso de la espalda

Espalda

Trazamos con la escuadra un ángulo recto, señalando su vértice con la letra A. (Fig. 16.)

Desde A, hacia la derecha del ángulo, se mide la mitad del ancho de espalda y pondremos un punto con la letra B.

Desde A, hacia abajo, se pone la medida del largo de talle, señalando este punto con la letra C.

Desde el punto C, hacia la derecha, trace una línea recta paralela a la línea AB y con la misma medida de ésta, señalando el punto D. (Fig. 17.)

Ahora trace una línea desde el punto B al D y con esto quedará formado un rectángulo. (Fig. 17.)

Medida del hombro

La medida de altura de hombro se coloca a partir de la letra D, hacia arriba, señalando con la letra E el punto que nos dé dicha medida. (Fig. 18.)

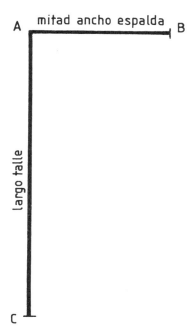

Figura 16. Forma de empezar a realizar el patrón-tipo de la espalda

Figura 17. Con las medidas de largo de talle y mitad de ancho de espalda formamos un rectángulo

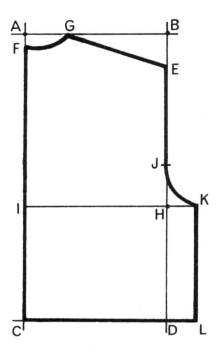

Figura 18. Trazado del patrón de espalda

Medida del escote

En la línea AC baje 1 cm y marque ese punto con la letra F que llamaremos bajada de escote.

La medida del escote se señala en la línea AB con la letra G. Dicha medida se obtiene hallando la sexta parte del contorno del cuello más 1 cm. Ejemplo: Si la medida que usted toma es de 36 cm, saque la sexta parte, dividiendo 36 por 6 y le resultarán 6 cm. A estos 6 cm se añade 1 cm, es decir, 7 cm y ésta es la medida que tiene que poner en la línea AB, o sea el punto G.

Una después la G con la F mediante una curva suave, y ya queda trazado el escote.

Después trace una línea recta de G a E que será la inclinación del hombro.

Sisa

A partir del punto E, hacia abajo, marque la medida del contorno de sisa y señale el punto con la letra H.

Después se mide la distancia que hay entre B y H y esta misma medida se marca en la línea AC, señalando este punto, que llamaremos I.

Línea de pecho

A partir de la letra I pasando por H ponga la cuarta parte de la medida del contorno de pecho y señálelo con la letra K.

Ahora desde H, hacia arriba, se señala el punto J, que es la tercera parte de la medida de contorno de sisa.

Desde J hasta K se traza una curva suave con lo que queda dibujada la sisa.

Línea de costado

Desde K bajamos una línea paralela a HD que termina en el punto L.

La línea CL se llama línea de cintura.

Con esto queda trazado el patrón de la espalda recta. (Fig. 18.)

EJEMPLO PRACTICO

Patrón de espalda

Vamos ahora a trazar un patrón como el que acaba de estudiar con las medidas que indicamos a continuación:

Ancho de espalda	37 cm
Largo de talle espalda	42 cm
Altura de hombro	37 cm
Contorno del cuello	36 cm
Sisa (la mitad de su vuelta)	18 cm
Contorno de pecho, 88 más 4 = ...	92 cm

Espalda

Empezará por trazar con la escuadra un ángulo recto, señalando su vértice con la letra A. (Fig. 19.)

Desde A, hacia la derecha, pondrá 18,5 (18 centímetros y 5 milímetros), que es la medida de la mitad del ancho de espalda, y pondrá al final de esta línea la letra B.

Largo de talle

Esta medida se pone desde A, hacia abajo, que son 42 cm hasta C. Vea la figura 19.

Desde C trace una línea recta con la misma medida que AB, y señale el punto D.

Trace una línea recta con la misma medida que AB, y señale el punto D.

Trace una línea desde B a D y quedará formando un rectángulo como en la figura 17.

Medida de hombro

Desde D, con dirección a B, pondrá 37 cm de altura de hombro, señalando el punto E.

Escote

Desde A bajará un centímetro y lo señalará con el punto F. Esta medida se llama bajada de escote.

En la línea AB se señala la medida del escote, que en este caso son 7 cm, pues como ya explicamos, será la sexta parte de la vuelta completa de cuello, más un centímetro.

Unimos los puntos G y F mediante una curva suave y queda trazado el escote.

Desde el punto G trazamos una línea recta al punto E y tenemos la línea de hombro.

Sisa

Desde E se señalan 18 cm y lo marcamos con el punto H.

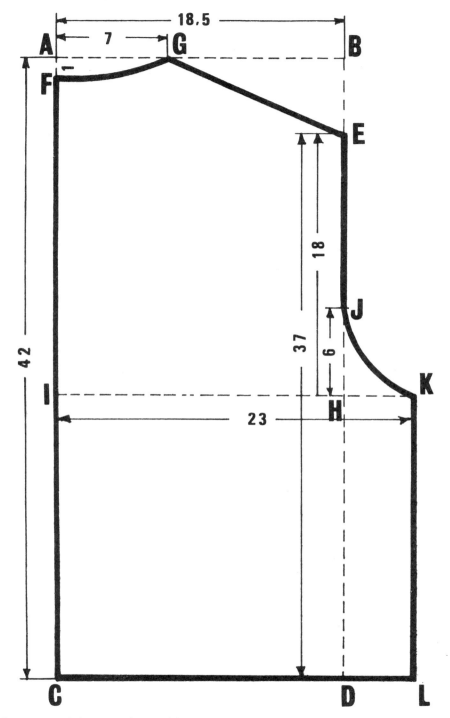

Figura 19. Ejemplo práctico del patrón de espalda

Línea de pecho

Mida la distancia que hay entre B y H. Esta misma medida la pondrá desde A, señalando el punto I.

Desde I pasando por H se traza una línea de 23 cm que es la cuarta parte del contorno de pecho.

Para terminar de dibujar la sisa se calcula la tercera parte de la distancia entre E y H que son 6 cm. Estos centímetros los señalaremos desde H hacia arriba con el punto J.

Ahora dibujaremos una curva desde J a K (esquina de la línea de pecho).

Línea de costado

Desde K se traza una línea paralela a la HD y con la misma medida de ésta. Ponga al final de esta línea la letra L.

Por último alargaremos la línea CD hasta L, con lo que obtenemos la línea de cintura y así queda terminado el patrón.

2

Trazado
de patrones-tipo (I)

Trazado del patrón-tipo delantero corto recto

Este patrón delantero es muy similar al de la espalda, ya estudiada anteriormente.

Su trazado es sencillo, y como podrá observar en la figura 1 existen algunas variaciones con el patrón de espalda. Fíjese en la diferencia que hay en la bajada de escote, sisa, línea de pecho y línea de cintura.

Las medidas que se necesitan para el trazado del patrón delantero, son iguales que las que empleó en la espalda, más la de largo de talle del delantero.

Proceso a seguir en el trazado del delantero

Se empieza el trazado igual que en la espalda.

Con la escuadra se traza un ángulo recto, señalando su vértice con la letra A. Desde A a B se pone la mitad del ancho de espalda.

De A a C el largo del talle delantero.

Desde C se traza una línea paralela a la línea AB con la medida de ésta, y se señala el final de la letra D. Unimos las letras B y D mediante una línea y queda formado el rectángulo (Fig. 1).

Altura de hombro

Desde D, hacia arriba, se pone la medida de altura de hombro, que será igual que la de la espalda, más los centímetros que haya de diferencia entre el largo de talle espalda y largo de talle delantero. Señale este punto con la letra E.

Escote

El ancho de escote se pone desde A hacia B, con la medida de la sexta parte del contorno del cuello más de 1 cm, señalando el punto con la letra G.

A partir del punto A, hacia abajo, ponga la bajada de escote, que en este caso son los mismos centímetros que tiene el ancho de escote.

Como ve en la figura 1, dicha medida no es igual que en la espalda.

Uniendo los puntos G y F, por medio de una curva pronunciada, queda dibujado el escote.

Desde G a E se traza una línea recta que se llama línea de hombro.

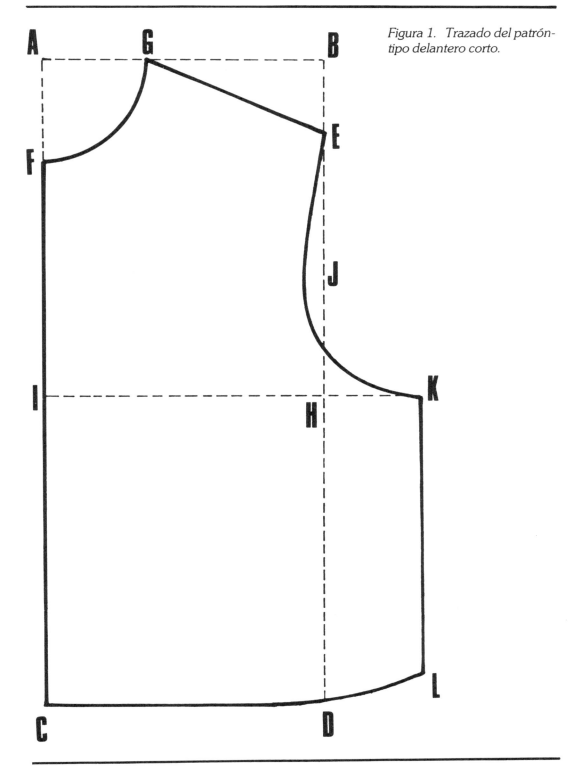

Figura 1. Trazado del patrón-tipo delantero corto.

Sisa

Desde E hacia D se pone la medida de sisa y lo señalaremos con el punto H. Recuerde que esta medida será la mitad de la vuelta completa del brazo por su parte más alta.

Después se mide la distancia que hay entre los puntos BH, y esta medida se medida se marca desde A, hacia abajo, con el punto I.

Línea de pecho

Trace una línea desde I pasando por H con la medida de pecho. Esta medida será la cuarta parte del contorno de pecho, más 2 cm que se le añaden al delantero para dar más holgura a la prenda. Dicha medida señálela con la letra K.

Después se calcula la tercera parte del contorno de sisa, es decir de E H, y señala dicha medida desde H hacia arriba con la letra J.

Con los puntos obtenidos se traza la curva de la sisa que, como puede observar en la figura 1, está más pronunciada que la de espalda, porque pasa a 1 cm de J, por su parte interior.

Línea de costado

Para trazar la línea de costado KL, hay que medir esta misma línea en la espalda. Los mismos centímetros los pondrá en el delantero.

Línea de cintura

Uniendo los puntos D y L con una ligera curvatura obtenemos la línea de cintura C L.

Observará en la figura 1 que hay un desnivel entre los puntos C y L, esto es debido a que el talle del delantero es más largo que el de la espalda.

EJEMPLO PRACTICO

Patrón del delantero corto recto

Medidas que empleará usted en el trazado de este patrón:

Ancho de espalda	37 cm
Largo de talle espalda	42 cm
Largo de talle delantero	44 cm
Altura de hombro: 37 más 2	39 cm
Contorno de cuello..	36 cm
Sisa: 36: 2	18 cm
Contorno de pecho: 88 más 4	92 cm

A la medida de altura de hombro hemos aumentado 2 cm porque es la diferencia que existe entre el largo de talle espalda y el largo de talle delantero.

Trazado de la figura base para representar las medidas del delantero

Empezará trazando con la escuadra un ángulo recto y señalará el vértice con la letra A. (Fig. 2).

A partir del vértice A, hacia la derecha, tiene que poner 18,5 cm que corresponden a la mitad del ancho de espalda y lo señala con la letra B.

La medida de largo de talle delantero se pone a partir de la letra A, hacia abajo, y lo señala con la letra C. Dicha medida en este caso es de 44 cm.

Desde el punto C trace una paralela a la línea A B y con la misma medida de ésta, y señale dicho punto con la letra D.

Una los puntos B y D y le quedará formado el rectángulo A B C D. (Fig. 2).

Altura de hombro

Desde D, hacia arriba, pondrá la medida de altura de hombro y lo señala con la letra E.

Para marcar esta medida puede emplear otro sistema, además del explicado anteriormente. Consiste en medir la distancia exacta que haya

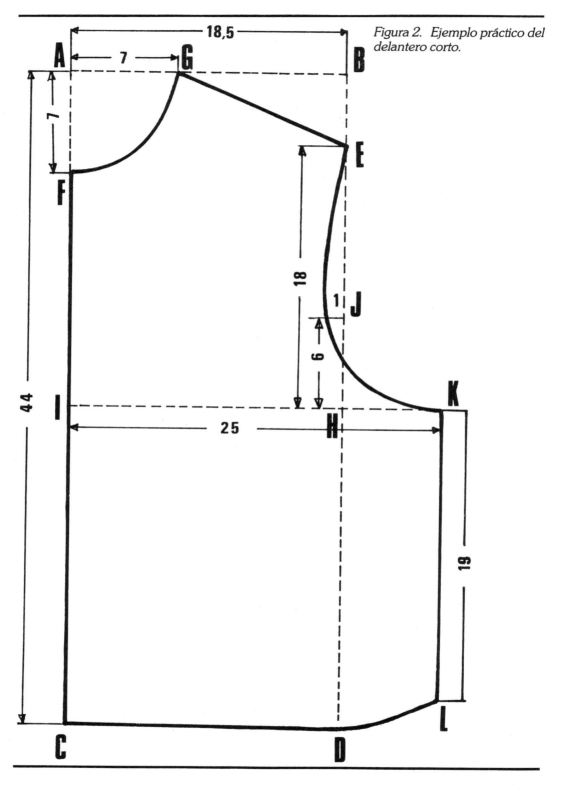

Figura 2. Ejemplo práctico del delantero corto.

entre los puntos B y E en el patrón de espalda, y esta misma medida se coloca en el patrón de delantero, desde el punto B hacia abajo. En el ejemplo gráfico que estamos describiendo son 5 cm.

Escote

Desde el punto A hacia B, señale la medida del ancho de escote, que en este caso son 7 cm, ya que la sexta parte del contorno de cuello más 1 cm nos da 7 cm. Este punto señálelo con la letra G.

La bajada de escote es la misma medida que tiene el ancho de escote, es decir 7 cm, lo representa a partir de A, hacia abajo, con el punto F. Una los puntos G y F mediante una curva pronunciada, tal como se indica en la figura 2.

La línea de hombro es la recta que une los puntos G y E.

Sisa

Desde E hacia D, marque la medida de sisa, que son 18 cm, y señale el punto con la letra H. Recuerde que dicha medida es la mitad del contorno de sisa.

Después mida la distancia que hay entre los puntos B y H y lleve esta misma medida desde A hasta C, señalando dicho punto con la letra I.

Línea de pecho

Trace una línea desde I en dirección a H, con la medida de la cuarta parte del contorno de pecho, más 2 cm que se le dan de holgura al delantero, además de los 4 cm que aumentamos en la medida completa del pecho. En el ejemplo que estamos realizando serían: 88 + 4 = 92 cm, que será la medida completa del contorno del pecho; 92: 4 = 23 cm, que es la cuarta parte de dicha medida; 23 + 2 = 25 cm, que es la medida que hemos de representar. El punto conseguido señálelo con la letra K (Fig. 2).

Desde H hacia E marque 6 cm con el punto J. Dicha medida es la tercera parte del contorno de sisa.

Después dibuje la sisa que empieza en E, pasa a 1 cm de J y termina en K, o sea en el extremo de la línea de pecho.

Línea de costado

Tiene que medir esta línea en el patrón de espalda, o sea desde K a L. La distancia que haya entre estos dos puntos de la espalda la pondrá en el patrón delantero. En el caso que nos ocupa son 19 cm.

Línea de cintura

Una los puntos D y L con una ligera curva y obtendrá la línea de cintura C L.

Con este último punto queda terminado el patrón que hemos representado en la figura 2.

Diferencias que existen entre los patrones de espalda y delantero

En las figuras 3 y 4 puede comprobar las diferencias de estos patrones en las medidas siguientes: bajada de escote, sisa, línea de pecho y línea de cintura.

La bajada de escote en el delantero tiene igual medida que el ancho.

En la espalda baja 1 cm solamente.

El largo de talle delantero, suele ser generalmente 2 cm más largo que el largo de talle espalda.

La línea de pecho es mayor también, porque al delantero se le aumentan 2 cm más que a la espalda.

La curva de la sisa es más pronunciada en el delantero, porque pasa a un centímetro hacia adentro del punto J.

La línea de cintura en el delantero no es recta hasta L, porque existe un desnivel entre la línea de costado y el largo de talle.

Trazado del patrón-tipo delantero corto con pinza

Empiece trazando con la escuadra el ángulo recto como hizo en los patrones anteriores de espalda y delantero. (Fig. 5).

Desde A, hacia la derecha, ponga la mitad del ancho de espalda y lo señala con la letra B, y desde A, hacia abajo, el largo del talle delantero, señalándolo con la letra C.

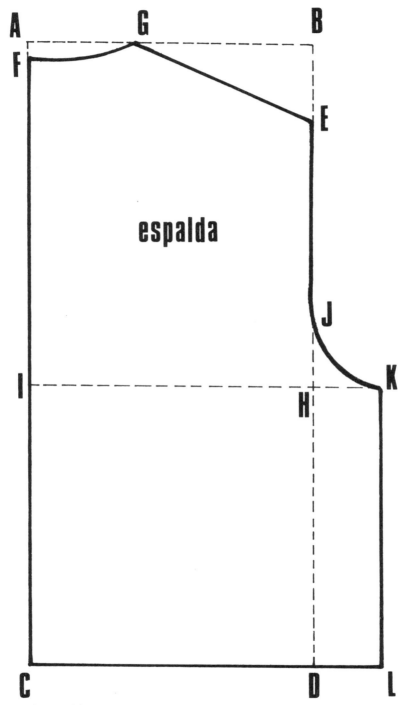

Figura 3. Patrón de espalda.

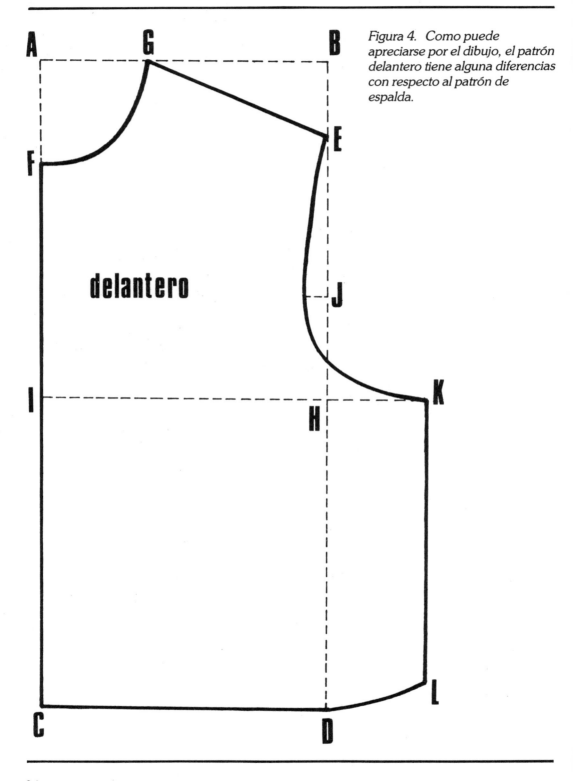

Figura 4. Como puede apreciarse por el dibujo, el patrón delantero tiene alguna diferencias con respecto al patrón de espalda.

Trace después la línea BD paralela a la línea AC, y cierre el rectángulo con la línea CD.

Proceso a seguir

Altura del hombro

Después señale la medida de altura de hombro, de la forma que explicamos anteriormente en el delantero, y ponga la letra E.

Escote

Desde A a C, ponga la bajada de escote. Y desde A a B, el ancho. Señale estos puntos y únalos mediante una curva, tal como se ve en la figura 5.

Línea de hombro

Antes de trazar la línea de hombro, hay que marcar el punto E_2, que está a 4 cm de E, hacia afuera. Estos 4 cm se necesitan para la pinza del hombro.

Ahora trace la línea de inclinación del hombro desde G hasta E_2. Observe en al figura 5 la explicación que hemos dado.

Sisa

A partir de E, hacia abajo, marque la medida de sisa con el punto H.

Para el punto I, debe poner a partir de A la misma medida que hay entre B y H.

Línea de pecho

Desde I, hacia H, pondrá la línea de pecho, sin olvidar aumentar los 2 cm, que se dan de holgura al delantero.

Desde H hacia arriba, señale el punto J. Ya hemos dicho que esta medida es la tercera parte de la medida que pusimos de sisa entre E y H.

En el delantero con pinza, la línea de sisa no es igual que en el delantero sin pinza. Fíjese en la figura 5. En lugar de empezar la curva en la letra E, la trazamos desde E_2, pasando por J, pero no a un centímetro de ésta, como se hacía en el delantero sin pinza.

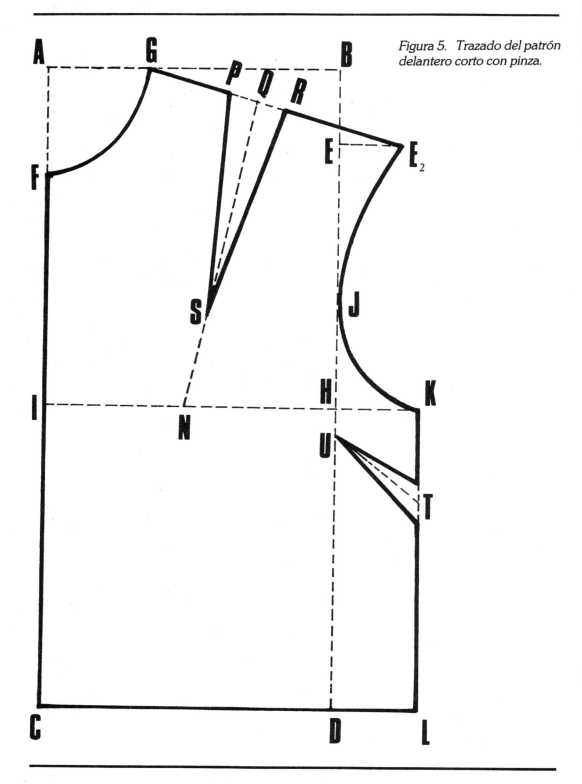

Figura 5. Trazado del patrón delantero corto con pinza.

Línea de costado

Este patrón como lleva pinza en el costado, no necesita poner en esta línea la medida de espalda. Así es que, la letra L quedará a la misma altura de la letra D.

Pinza de hombro

En la línea de hombro, desde G a E_2, mida 6 centímetros, señalando la letra Q. Después mida la distancia que hay entre los puntos IH y en su centro ponga la letra N. Desde Q, trace una línea hasta N.

A partir de N suba 6 cm, y ponga la letra S.

A cada lado de Q pondrá 2 cm, que señalará con las letras R y P. De cada uno de estos puntos trace una línea hacia S, donde se unirán ambos puntos, quedando dibujada la pinza de pecho. (Fig. 5).

Pinza de costado

Como en el ejemplo que estamos estudiando, la línea de costado varía 2 cm con la espalda, haremos la pinza con una profundidad de 2 cm. Para ello bajará desde K 6 cm, señalando este punto con la letra T. Después pondrá 2 cm a partir del punto H lo señala con la letra U.

Una los puntos T y U con una línea recta.

Después pondrá usted un centímetro a cada lado de la letra T, y se unen estos puntos con U, formando así la pinza de costado.

Vea todo el proceso a seguir en la figura 5.

EJEMPLO PRACTICO

Patrón delantero corto con pinza

Medidas que empleará en el trazado de este patrón:

Ancho de espalda...	37 cm
Largo de talle espalda......................................	42 cm
Largo de talle delantero	44 cm
Altura de hombro: 37 más 2	39 cm
Contorno de cuello...	36 cm
Sisa: 36: 2	18 cm
Contorno de pecho: 88 más 4	92 cm

Proceso a seguir en el trazado del delantero con pinza

Trace el ángulo recto señalando su vértice con la letra A. (Fig. 6).

Desde A, hacia la derecha, se ponen 18,5 cm, o sea medida de la mitad del ancho de la espalda y se marca el punto B.

Desde A hacia abajo, se señala el punto C con la medida del largo de talle delantero. En este ejemplo son 44 cm.

Después a partir de C se traza una paralela a A B con la misma medida de ésta y señale este punto con la letra D. Unimos los puntos B y D y queda formado el rectángulo.

Altura de hombro

Desde D se señala la altura de hombro, y se pone la letra E. Ya explicamos en el ejemplo anterior del delantero, dos maneras de señalar esta medida de altura de hombro Puede hacerlo como más fácil le resulte. Midiendo la distancia que hay entre B y E en el patrón de espalda, y después poner la misma medida en el delantero. O bien, poner la altura de hombro desde el punto D hacia arriba aumentando como ya dijimos, los centímetros que haya de diferencia entre el talle de espalda y delantero.

Las dos formas que acabamos de explicar referente a la medida del hombro, puede comprobar que resultan igualmente exactas y cualquiera que elija le resultará fácil.

Figura 6. Ejemplo práctico del patrón delantero corto con pinza.

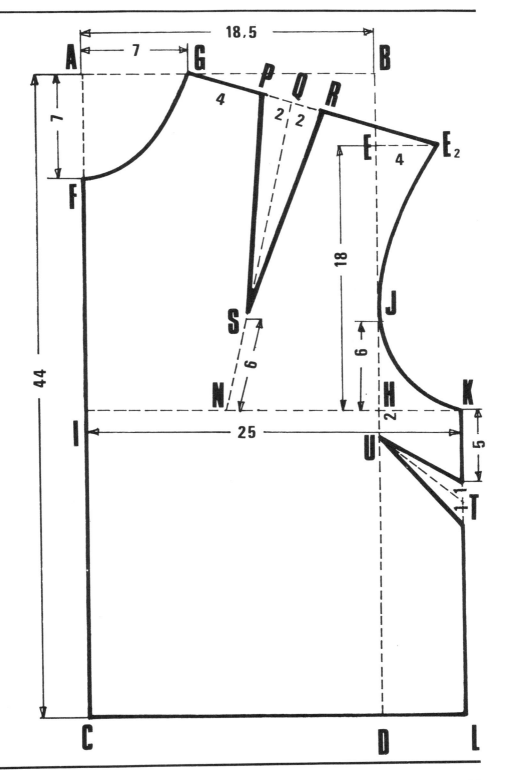

Escote

Desde A a G pondrá el ancho de escote, que son 7 cm. La bajada de escote se pone de A a F con la misma medida que el ancho de escote. Después dibuje la curva que va desde G a F.

Línea de hombro

Para trazar la línea de hombro hay que alargar éste 4 cm, que será la profundidad que demos a la pinza. Señale pues, 4 cm, desde E hacia afuera y ponga la letra E_2.

Después trace la línea que va desde G a E_2, quedando así marcada la inclinación del hombro.

Sisa

Desde E se bajan 18 cm, o sea, medida de sisa, y se pone la letra H.

La medida que hay entre B y H debe llevarla desde A a C y nos dará el punto I.

Línea de pecho

A partir del punto I hacia H, ponga la cuarta parte de la medida de contorno de pecho, más 2 cm, es decir 25 cm, y lo señala con la letra K.

Ahora desde H hacia E ponga la tercera parte de la medida de la sisa, que en este caso son 6 cm, y ponga el punto J.

Después trace la curva de sisa que empieza en E_2, pasa por el punto J y termina en K. Vea la figura 6.

Línea de costado

Con la misma medida de HD y paralela a ella, trace una línea a partir de K y obtendrá el punto L. La recta KL es la línea de costado.

Pinza de hombro

En la línea del hombro desde G a E_2 pondrá 6 cm, y lo señala con la letra Q. Después medirá la distancia que hay entre los puntos IH y en el centro de estos dos puntos se marca la letra N.

Después se traza una línea desde Q hasta N. En dicha línea y a partir de N marque 6 cm, y lo señala con la letra S.

Como la pinza tendrá de profundidad 4 cm, pondrá 2 cm a cada lado de la letra Q, que señalará con las letras RP, uniendo después estos dos puntos con S.

Pinza de costado

Esta pinza la haremos de 2 cm de profundidad porque son los centímetros que hay de diferencia entre la línea de costado del delantero y espalda. Si se desea dar más profundidad, hay que alargar la línea KL los centímetros que deseemos.

Después desde K se bajan 6 cm y lo señala con la letra T. Desde H se bajan 2 cm y lo señala con la letra U.

A continuación se marca un centímetro a cada lado de T, y estos puntos se unen con U, quedando así formada la pinza de costado (Fig. 6ᐟ

Trazado del patrón-tipo de manga recta

Con este patrón que va usted a estudiar, podrá cortar cualquier clase de manga que conste de una sola pieza.

Le aconsejamos que, antes de trazar el patrón, lea con atención la explicación que le damos a continuación, para que el trazado le resulte después más fácil, porque al leerlo varias veces lo comprenderá perfectamente, y le quedará mejor grabado en la memoria.

Para este patrón se necesitan tomar las siguientes medidas:

Medida de sisa

Largo total de manga

Largo bajo brazo

Contorno de muñeca

Proceso a seguir en el trazado de la manga

Empezaremos trazando con la escuadra un ángulo recto y señalaremos el vértice con la letra B. (Fig. 7).

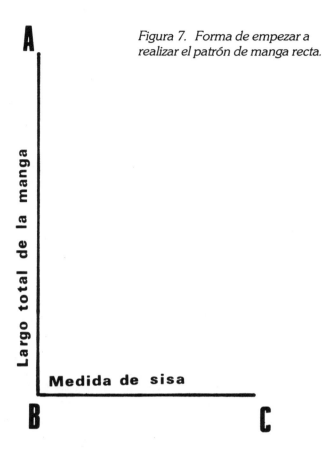

Figura 7. Forma de empezar a realizar el patrón de manga recta.

Largo total de manga

A partir de B, hacia arriba, pondremos la medida del largo total de manga, y lo señalaremos con la letra A.

Sisa

Desde B, hacia la derecha, hay que poner la mitad de la vuelta de sisa. Esta medida es igual que la que pusimos entre los puntos E y H del cuerpo, y lo señalamos con la letra C.

Largo bajo brazo

La medida de largo bajo brazo, llamada también sangría, se toma desde C, hacia arriba, señalando este punto con la letra D. (Fig. 8).

Desde A hasta D se traza una línea recta auxiliar que nos servirá para dibujar la enmangadura con exactitud.

Enmangadura

Se llama enmangadura, a la parte superior de la manga, que es donde se une a la sisa del cuerpo.

Para realizar la curva de le enmangadura son necesarios unos puntos que a continuación explicamos la forma de representarlos.

En la línea AD, se calcula la tercera parte de la medida de esta línea y los centímetros que resulten los pondremos a partir de A, señalando dicho punto con la letra E. (Fig. 8).

Desde D, con dirección a A, pondremos los mismos centímetros de distancia que pusimos desde A a E, y lo señalaremos con el punto F.

Después, desde F en dirección a E, señalaremos una distancia de 2,5 cm (dos centímetros y cinco milímetros), con el punto G.

Esta misma medida, 2,5 cm, la pondremos desde E, hacia afuera, señalando el punto I. (Fig. 8).

En la distancia FD señalaremos el punto medio, y desde éste, bajaremos 1 cm, señalándolo con la letra H.

Ahora se traza la enmangadura trasera con una línea que vendrá desde A, pasando por I, F, H y termina en D.

Luego dibujaremos la enmangadura delantera, con una línea que empieza en A, pasa a 1 cm por debajo de I, continuando a G y H, hasta D.

Como puede observar en la figura 8, la enmangadura de la parte trasera es más alta que la del delantero.

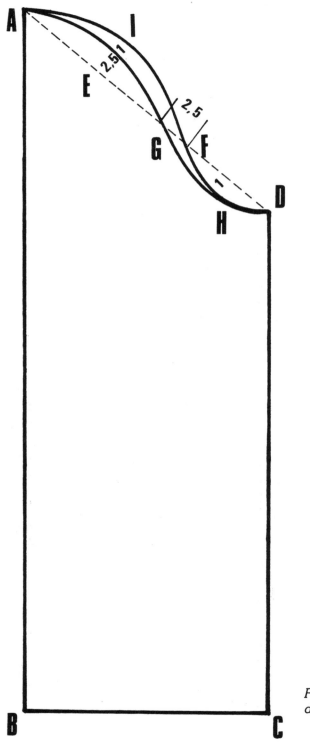

Figura 8. Realización completa de la manga recta.

EJEMPLO PRACTICO
La manga recta

Va usted a trazar un patrón de la manga anteriormente estudiada, empleando para ello las medidas siguientes:

Medida de sisa... 18 cm
Largo total de manga... 53 cm
Largo bajo brazo (sangría) .... 38 cm
Contorno de muñeca: 19 más 4.............................. 23 cm

Este patrón de manga se traza sobre el papel doblado, y pondremos el centro de la manga que coincida con el doblez del papel, para que al desdoblarlo, una vez acabado el patrón, tengamos la manga completa, como se ve en la figura 10.

Proceso a seguir en el trazado de la manga

En un trozo de papel, sin doblar, y en su centro, empezará a dibujar un ángulo recto, cuyo vértice señalará con la letra B. (Fig. 9).

Largo total de manga

Desde B, hacia arriba, pondrá el largo total de manga, es decir 53 cm, y lo señala con el punto A.

Sisa

A partir de B, hacia la derecha, pondrá la medida de sisa, que en este caso son 18 cm, y señala el punto con la letra C. (Fig. 9).

Después doblará el papel por la línea AB, tal como indicábamos en un principio, quedando esta línea en el centro de la manga, como podrá comprobar después de terminado el patrón.

Largo bajo brazo

Desde C, hacia arriba, ponga la medida de largo bajo brazo y señale este punto con la letra D. En el ejemplo que nos ocupa son 38 cm.

Trace una línea recta auxiliar desde A a D que le servirá para dibujar la enmangadura.

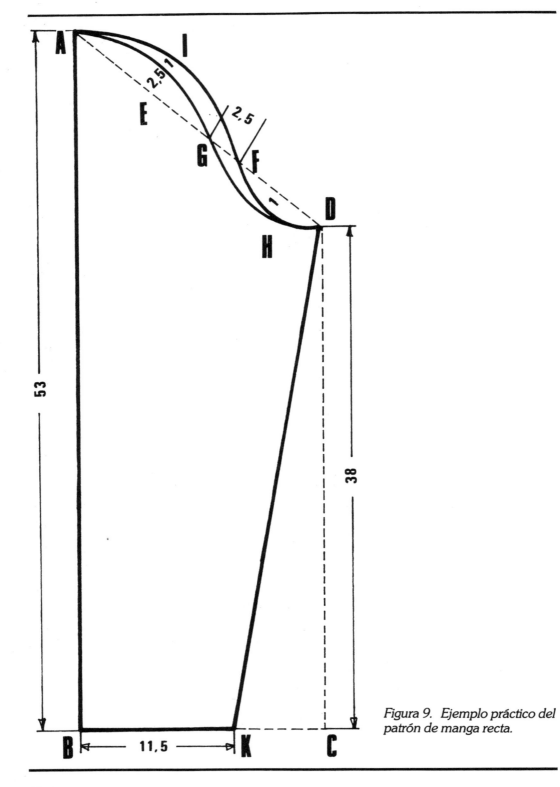

Figura 9. Ejemplo práctico del patrón de manga recta.

Enmangadura

Tiene que calcular la tercera parte de la línea recta AD, y los centímetros que le resulten los pondrá en esta línea, desde A hasta otro punto llamado E. Estos mismos centímetros los señalará también desde D hacia A y pondrá el punto F.

Ahora desde F en dirección a E señalará 2,5 cm (dos centímetros y cinco milímetros), y pondrá el punto G.

Desde E, hacia afuera, pondrá 2,5 cm, señalando el punto I.

Señale ahora el punto medio de la distancia que hay entre F D, y desde ese punto baje 1 cm que señalará con la letra H.

Para el trazado de la curva de la enmangadura fíjese en la figura 8.

Trazará primero la curva de la parte trasera. Esta empieza en A, pasa por I, F, H y acaba en D.

Trazada la enmangadura trasera dibuje la del delantero que, como habrá observado en la figura 8, queda un poco más baja que la trasera, porque pasa a 1 cm por debajo de I.

La enmangadura delantera irá, pues, desde A, pasando a 1 cm de I, después pasa por G, H y termina en D.

Contorno de muñeca

La medida del contorno de muñeca se pone en la línea BC y se llama bocamanga.

En dicha línea ponga la mitad del contorno de muñeca, señalando el punto K. (Fig. 9).

Después traza una línea recta uniendo los puntos KD, quedando esta línea para la costura de largo bajo brazo. Cuando se trate de una manga ancha por abajo, dejaremos la línea DC para la costura de largo bajo brazo.

Una vez dibujada la manga se recorta el patrón, siguiendo la línea de trazo más grueso. La parte de la enmangadura se recorta primeramente por la parte más alta, es decir, por la enmagadura trasera, y una vez abierto el patrón se recorta la enmangadura delantera, siguiendo el trazo del dibujo.

En la figura 10, puede ver cómo queda la manga completa, una vez recortado el patrón y abierto.

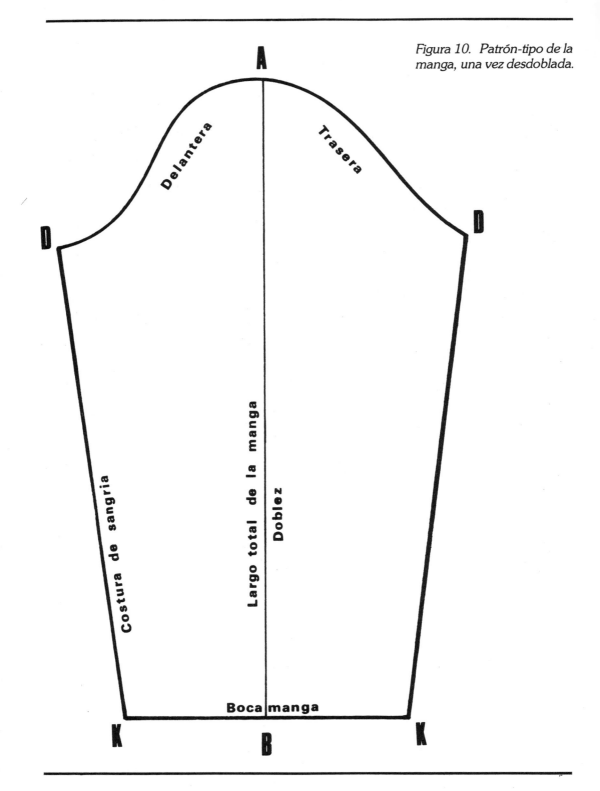

Figura 10. Patrón-tipo de la manga, una vez desdoblada.

48

Partes de que consta la manga recta

En la figura 10 pueden verse las partes que forman la manga recta.

La línea del centro es la medida del largo total de la manga, y también es la línea que coincide con el doblez del papel cuando trazamos el patrón.

La línea más corta de los lados es la línea bajo brazo, o sea, la medida que va desde la parte más baja de la sisa, hasta la muñeca.

En esta línea es donde se hace la costura que cierra la manga.

Enmangadura es la línea del borde superior de la manga, o sea la parte que va unida a la sisa.

Bocamanga es el borde inferior que va alrededor de la muñeca.

Este patrón sirve para todas las mangas rectas que estén compuestas de una sola pieza.

3

Trazado
de patrones-tipo (II)

Patrón-tipo de falda recta

Es la falda más fácil de confeccionar y con este patrón podrá cortar cualquier modelo de falda recta.

Esta falda se compone de dos piezas muy parecidas, pues la única variación consiste en que el escote de la cintura delantera, es un centímetro mayor que el de la espalda.

Para cortar la falda completa, basta trazar la parte trasera, y después de cortarla sobre la tela, el mismo patrón sirve para cortar el delantero, escotándolo un centímetro más.

Las medidas que necesita usted para el trazado de este patrón son las siguientes:

Contorno de cintura

Largo total de falda

Altura de cadera

Contorno de cadera

Cada una de las partes del patrón las detallamos en la figura 1.

Para cortar la falda en la tela, hay que poner ésta doble y colocar el patrón de forma que la línea del centro de la falda coincida con el borde del doblez de la tela.

Explicación del trazado de falda recta

Empezamos trazando un ángulo recto con la ayuda de la escuadra, y señalaremos el vértice con la letra A. (Fig. 2).

Cintura

A partir de A, hacia la derecha, pondremos la cuarta parte de la vuelta de cintura y señalamos el punto con la letra B.

Largo de falda

Desde A, hacia abajo, pondremos el largo total de la falda y señalamos el punto con la letra C.

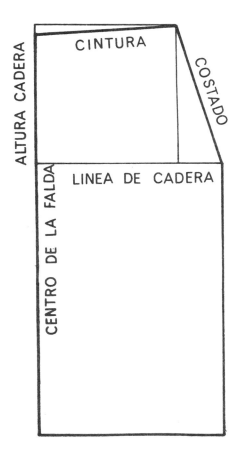

Figura 1. Partes de que consta la falda recta.

Altura de cadera

Desde B trazaremos una línea paralela a AC y pondremos la medida de altura de cadera, señalando este punto con la letra D.

Esta misma medida pongámosla desde A en dirección C, señalando este punto con la letra E.

Línea de cadera

Desde el punto E, pasando por D, trazaremos la línea de cadera, con la medida de la cuarta parte del contorno de cadera, y señalamos este punto con la letra F. Tenga en cuenta que a la medida de contorno de cadera le ha de añadir 4 cm para dar más holgura a la falda.

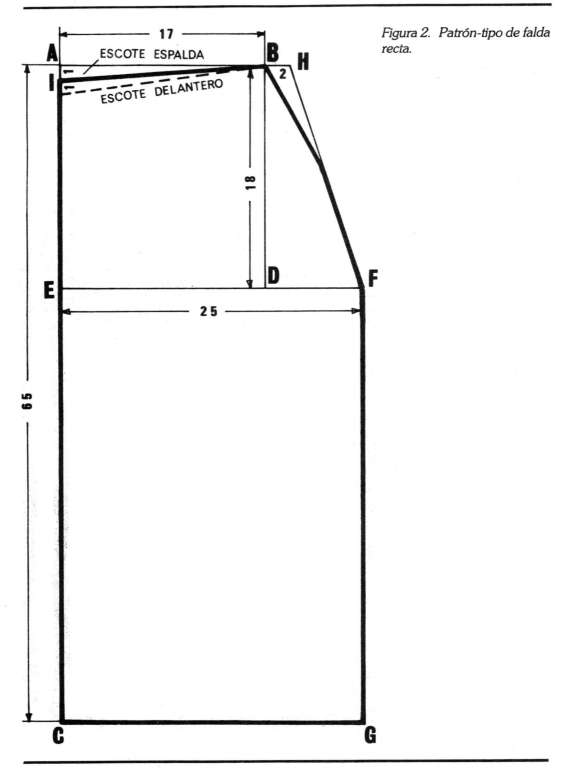

Figura 2. Patrón-tipo de falda recta.

ESCOTE ESPALDA

ESCOTE DELANTERO

17

18

25

65

Desde F hacia abajo, pondremos una línea paralela a E C y con la misma medida de ésta, señalando un punto con la letra G. Cerramos después el bajo con una línea desde C a G.

Línea de costado

Para trazar la línea de costado, señalaremos el punto H a dos centímetros de B. En la figura 2, fíjese dónde está el punto H. Después, con una línea uniremos los puntos H F y señalaremos con un punto auxiliar el centro de esta línea. Desde ese punto trazaremos una línea recta hasta B, quedando dibujada la línea del costado, que empieza en B, pasa por F y termina en G. Vea la figura 2.

Línea de cintura

Finalmente trazaremos la línea de cintura. Para ésta, se baja un centímetro desde A, señalando el punto I. Después se unen los puntos I B que será la línea de cintura.

EJEMPLO PRACTICO

Patrón de falda recta

Para el trazado de este patrón, empleará las medidas que detallamos a continuación:

Cintura..	68 cm
Largo de falda	65 cm
Altura de cadera	18 cm
Contorno de cadera, 96 más 4	100 cm

Se habrá fijado que al contorno de caderas le hemos aumentado 4 cm como hicimos en el contorno de pecho, para dar holgura a la prenda.

Empiece trazando con la escuadra un ángulo recto y señale el vértice con la letra A. (Fig. 3).

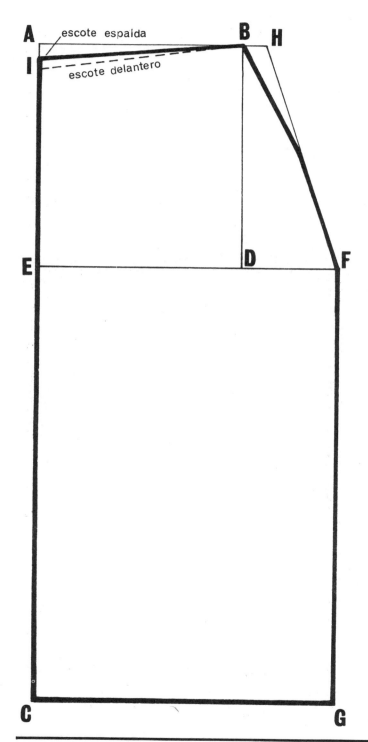

A

escote espalda

B H

I

escote delantero

E

D F

C G

Figura 3. Ejemplo práctico del patrón de falda recta.

Proceso a seguir

Cintura

A partir del punto A, hacia la derecha, pondrá la medida de cintura, es decir, la cuarta parte de su vuelta completa que en este ejemplo son 17 cm, y lo señala con la letra B.

Largo de falda

Desde A, hacia abajo, se pone el largo total de falda, 65 cm, y lo señala con la letra C.

Altura de cadera

Desde el punto B, hacia abajo, se traza una línea de 18 cm, señalando el punto D.

Estos mismos centímetros los señalará desde el punto A hacia C con el punto E.

Línea de cadera

Desde E hacia D, pondrá la medida de la cuarta parte de la vuelta de cadera, que son 25 cm. En el extremo de esta línea señale el punto F.

Desde F trace una línea paralela a EC, y señale el punto con la letra G.

Después se unen los puntos C y G y quedará la línea del bajo (Fig. 3).

Línea de costado

Para trazar la línea de costado, se alarga la línea A B 2 cm, señalando el punto H. Después se traza una línea desde H a F, y en el centro de ésta se señala un punto auxiliar, el cual unirá con B. Ya queda dibujada la línea del costado que empieza en B, pasa por F y acaba en G.

Línea de cintura

Se baja un centímetro desde A y lo señala con el punto I. Uniendo I con B queda dibujada la línea de cintura.

Este mismo patrón que acaba de trazar, le servirá para cortar el delantero de la falda, escotando 1 cm más la línea de cintura. Para esto bajará 1 cm desde el punto I, volviendo a trazar otra línea desde este nuevo punto hasta B, que será la cintura delantera. (Fig. 3).

Trazado de la falda recta con pinza

El trazado de este patrón es exactamente igual al patrón de la falda sin pinza, excepto la línea del costado, porque el punto B hay que alargarlo hasta H tantos centímetros como se desee dar de profundidad a la pinza. Lo más corriente son 4 cm (Fig. 4).

Las pinzas se emplean igualmente en la parte trasera de la falda que en el delantero, pero más generalmente en la parte trasera.

Proceso a seguir en el trazado de la falda recta con pinza

Para el trazado de este patrón, emplearemos las medidas de la falda recta sin pinza que anteriormente hemos explicado.

Empezará trazando el ángulo recto con la escuadra y señalará el vértice con la letra A (Fig. 4).

Cintura

Desde el punto A, hacia la derecha, pondrá la cuarta parte de la vuelta de cintura, que son 17 cm, y lo señalará con la letra B.

Largo de falda

La medida del largo total de falda son 65 cm y se pone desde A, hacia abajo, señalando el punto con la letra C.

Altura de cadera

Desde el punto B baje 18 cm, que es la medida de altura de cadera, y lo señala con la letra D.

Estos mismos centímetros los señala de A a C con el punto E.

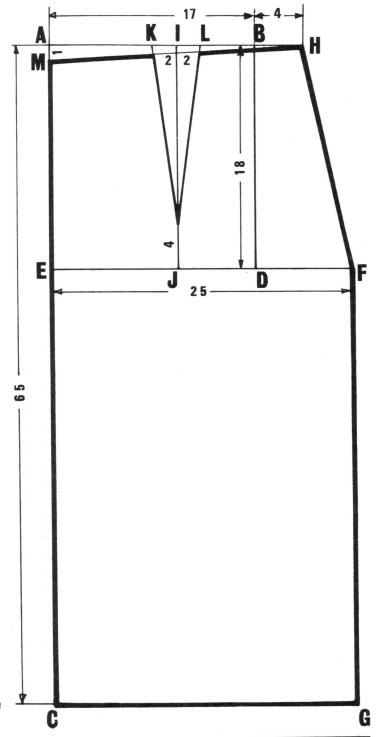

Figura 4. Trazado de la falda recta con pinza.

Línea de cadera

La medida de la cuarta parte del contorno de cadera, que son 25 cm, la pondrá desde E con dirección a D y señala el punto con la letra F.

Paralela a la línea EC y con la misma medida, trace una línea desde F, que terminará en un punto que llamará G. Después una los puntos C y G y quedará la línea del bajo.

Línea de costado

Para trazar la línea de costado tiene que alargar la línea AB con los centímetros que se desee dar de profundidad a la pinza, en este ejemplo son 4 cm. Esta medida la pondrá desde B, y señalará el punto con la letra H. (Fig. 4).

Una los puntos H y F mediante una línea y quedará dibujada la línea de costado que, partiendo de H, pasará por F y terminará en G.

Trazado de la pinza

Mida la distancia que hay entre A y H y en el punto medio de dicha línea señale el punto I.

La misma distancia que hay entre AI, hay que ponerla en la línea de cadera, a partir de E, señalando el punto J. Después se traza una recta de I a J.

Desde J, se suben 4 cm, señalando un punto auxiliar. Como la pinza que vamos a hacer tiene de profundidad 4 cm, repartiremos 2 cm a cada lado de la letra I, y señalaremos los puntos K y L. Estos dos puntos los unimos al punto auxiliar de la línea I J y queda terminada la pinza. (Fig. 4).

Línea de cintura

Para realizar la línea de cintura, baje 1 cm desde A y lo señala con la letra M. Una los puntos M y H y obtendrá la cintura de la espalda.

Para trazar la cintura del delantero ha de bajar 2 cm, a partir de A.

Trazado de la falda con vuelo en el bajo

Para cortar una falda con vuelo como la de la figura 5, basta trazar el mismo patrón estudiado de la falda recta, pero con la siguiente variación:

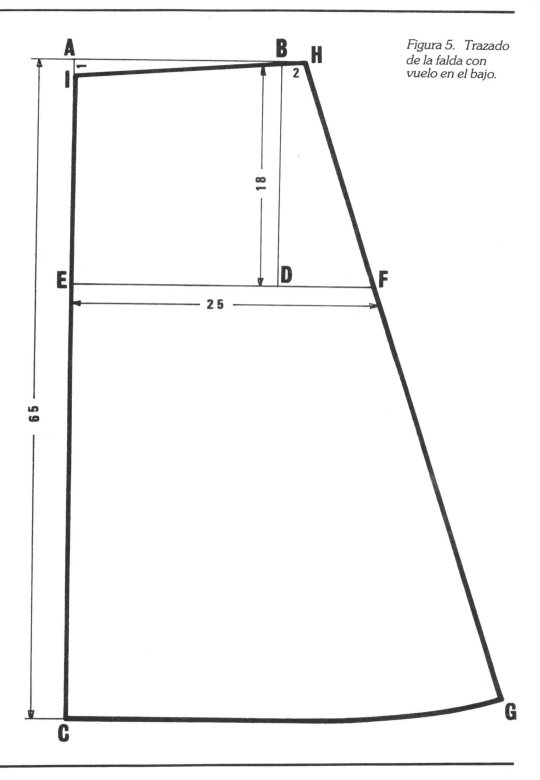

Figura 5. Trazado de la falda con vuelo en el bajo.

La línea FG no se traza paralela a la línea EC, sino que partiendo de H, se traza una línea recta que pasa por F y termina en G.

Desde F a G se pone la medida que hay entre EC.

La línea del bajo se traza con una recta desde C, con igual medida que la línea EF, continuando después con una curva suave hasta G (Fig. 5).

Los 2 cm que se aumentaron en la cintura desde B a H hay que rebajarlos con una pinza que tendrá la misma profundidad que los centímetros que hemos aumentado.

Para la realización de esta pinza se sigue el mismo proceso que hemos indicado para la falda recta con pinza, pero naturalmente habrá una pequeña variación en las medidas.

Patrón-tipo de espalda recta larga

Con este patrón podrá cortar cualquier prenda larga que no sea entallada (Fig. 6).

Como ya habrá usted adquirido alguna práctica en el trazado de patrones, espero que le resulte más fácil el trazado de éste, puesto que la parte alta del cuerpo es exactamente igual al patrón corto ya estudiado.

Para este patrón empleará usted las mismas medidas que utilizó en el de espalda corta en lecciones anteriores, más las de largo total de espalda, contorno de cadera y altura de la misma.

Ancho de espalda...	37 cm
Largo de talle espalda..	42 cm
Altura de hombro...	37 cm
Contorno de cuello...	36 cm
Sisa (mitad de su vuelta).......................................	18 cm
Contorno de pecho, 88 más 4	92 cm
Altura de cadera	18 cm
Contorno de cadera, 96 más 4	100 cm
Largo total de espalda...	100 cm

Nota.— No olvide aumentar los 4 cm al contorno de pecho y cadera, para que la prenda no resulte demasiado ceñida.

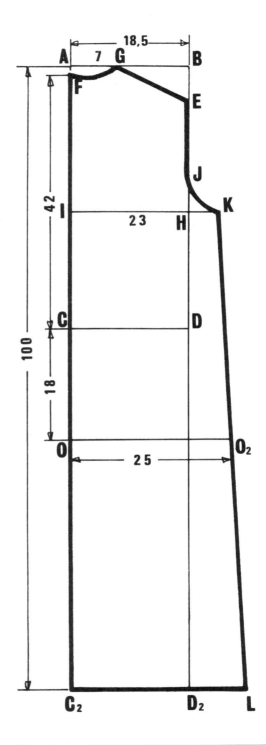

Figura 6. Patrón-tipo de la espalda recta larga.

Explicación del trazado de espalda recta larga

Empezará a trazar este patrón como los anteriores de espalda.

Primero trazará con la escuadra un ángulo recto cuyo vértice llamamos A (Fig. 6).

Desde A, hacia la derecha, ponga la medida de la mitad de ancho de espalda, que en este ejemplo, como recordará, son 18,5 cm (18 centímetros y 5 milímetros), y lo señala con la letra B.

La medida de largo de talle espalda, que en este ejemplo son 42 cm, se pone desde A a C. Después trace una recta, a partir de B, que sea paralela a la línea AC, y con la misma medida que ésta, señalando este punto con la letra D.

Trace una línea de C a D, y nos queda formado el rectángulo ABCD.

Largo total de espalda

La línea AC se prolonga hasta C_2, para representar la medida de largo total de espalda, que son 100 cm. Esta misma medida hay que ponerla desde B y paralela a la línea anterior, señalando este punto con la letra D_2.

Altura del hombro

Esta medida se coloca desde D, hacia arriba, señalando el punto E. En este ejemplo son 37 cm.

Escote

Desde A bajará un centímetro y lo señala con el punto F.

A partir de A y con dirección a B, se pone el ancho de escote, que es la sexta parte del contorno de cuello más 1 cm, es decir 7 cm, en el ejemplo que nos ocupa, y lo señalamos con la letra G. Después se unen los puntos G y F mediante una curva suave. Desde G a E se traza una línea para dibujar la línea de hombro.

Sisa

Desde E hacia abajo, se pone la medida de sisa, 18 cm, señalando este punto con la letra H. Después se mide la distancia que hay entre B y H, y esta misma medida se lleva desde A a C y se señala con la letra I.

Línea de pecho

Desde I pasando por H se traza la línea de pecho, que mide 23 centímetros en el ejemplo, es decir la cuarta parte del contorno de pecho, y se señala con la letra K.

Para dibujar la línea de la sisa, se calcula la tercera parte de la línea EH, y los centímetros que dé esta medida, se suben desde H, señalando el punto J. Aquí, esta medida son 6 cm. Después se traza la curva de sisa desde E, pasando por J y terminando en el extremo de la línea de pecho K. (Fig. 6).

Altura de cadera

Desde C, en dirección a C_2, se pone la medida de la altura de cadera, que son 18 cm, y lo señala con el punto O.

Línea de cadera

Desde O, hacia la derecha, se traza la línea de cadera con la medida de la cuarta parte de contorno de cadera, es decir 25 cm en este ejemplo, y señala este punto con la letra O_2.

Línea de costado

A partir de K, trazamos una línea que pase por O_2, y la prolongamos hasta la altura de los puntos C_2 y D_2, que señalamos con la letra L.

Unimos los puntos C_2 y L y queda dibujada la línea del bajo.

Patrón-tipo del delantero recto largo

Para el trazado de este patrón empleará las mismas medidas que en el ejemplo anterior, ya que este delantero es el que corresponde a la espalda que acaba de estudiar. (Fig. 7).

Además de las medidas indicadas se necesitan otras dos más.

Largo detalle delantero... 44 cm
Largo total delantero .... 102 cm

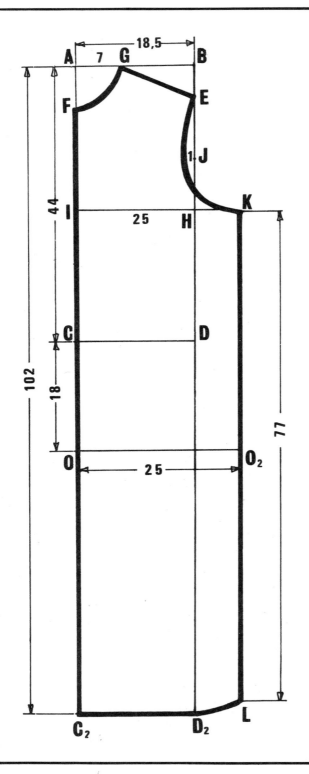

Figura 7. Patrón-tipo del delantero recto largo.

Trazado del delantero recto largo

Se empieza, como siempre, trazando un ángulo recto, cuyo vértice señalaremos con la letra A (Fig. 7).

Desde A, hacia la derecha, ponga la medida de mitad de ancho de espalda (18,5 cm), y señale el punto con la letra B, y desde A, hacia abajo, el largo de talle delantero (44 cm), señalándolo con la letra C.

Trace después, a partir de B, una línea paralela a AC y con la misma medida que ésta, y señala el punto con la letra D. Una los puntos C y D para cerrar el rectángulo.

Largo total delantero

A partir de A y con dirección a C, ponga la medida del largo total delantero, que en este caso son 102 cm, y lo señala con la letra C_2. Desde B, trace una línea paralela a AC_2 y con la misma medida que ésta, y señala este punto con la letra D_2.

Altura de hombro

Desde D, hacia arriba, pondrá la medida de altura de hombro con la letra E, o como ya dijimos en la lección anterior, esta medida en el delantero, puede ponerla desde B, hacia abajo, con los centímetros que mida en la espalda la distancia BE.

Escote

Desde A en dirección a B ponga el ancho de escote, que es la sexta parte del contorno de cuello más 1 cm, es decir, 7 cm en este ejemplo que nos ocupa. Señale el punto con la letra G.

Desde A, hacia abajo, ponga la bajada de escote, con la misma medida que hemos dado al ancho de escote y señálelo con la letra F.

Una los puntos G y F mediante una curva, tal como se ve en la figura 7.

La línea del hombro se traza desde G a E.

Sisa

Desde E, se bajan 18 cm, que es la medida de sisa en este ejemplo, y se señala el punto con la letra H. A continuación se mide la distancia que hay entre B y H y se lleva esta medida de A a C, señalando el punto con la letra I.

Línea de pecho

Desde I con dirección a H, se traza una línea con la medida de la cuarta parte de contorno de pecho, aumentando los 2 cm que hay que dar de holgura al delantero, es decir $23 + 2 = 25$ cm, que señalamos con la letra K.

Para dibujar la línea de sisa, se suben 6 cm desde H que es la tercera parte de la medida de sisa, señalando el punto J. Después se dibuja la línea que empieza en E, pasa a un centímetro de J y termina en K. Vea en la figura 7 la forma de trazarla.

Altura de cadera

Desde C, se bajan 18 cm, que es la medida de altura de cadera, y lo señala con la letra O.

Línea de cadera

Desde O, hacia la derecha, se traza la línea de cadera, que es la cuarta parte del contorno de cadera, en el ejemplo que nos ocupa son 25 cm, y lo señala con la letra O_2.

Línea de costado

En el delantero, esta medida ha de ser igual que en la espalda. Se mide pues, la línea KL del patrón de espalda, y los mismos centímetros se colocan en el delantero, desde K, pasa por O_2 y termina en un punto que llamaremos L (Fig. 7).

Con una línea recta se unen los puntos C_2 y D_2. Desde D_2 hasta L se traza una curva suave y queda dibujada la línea del bajo.

Patrón-tipo del delantero largo con pinza

La parte superior de este patrón, como puede apreciar por la figura 8, es exactamente igual que el delantero corto con pinza, pero sólo con la del hombro.

Las medidas que empleará son las siguientes:

Ancho de espalda	37 cm
Largo de talle espalda	42 cm
Largo de talle delantero	44 cm
Altura de hombro 37 más 2	39 cm
Contorno de cuello	39 cm
Sisa (mitad de su vuelta)	18 cm
Contorno de pecho 88 más 4	92 cm
Altura de cadera	18 cm
Contorno de cadera 96 más 4	100 cm
Largo total delantero	102 cm

Trazado del delantero largo con pinza

Empiece trazando con la escuadra un ángulo recto y señale el vértice con la letra A. (Fig. 8).

A partir de A, hacia la derecha, ponga la medida de mitad de ancho de espalda y señale el punto con la letra B, y desde A, hacia abajo, el largo de talle delantero, señalándolo con la letra C.

Desde B, trace una línea paralela a AC, con la misma medida que ésta, y señale el punto con la letra D. Cierre el rectángulo con la línea CD.

Altura de hombro

La medida de altura de hombro delantero la pondrá desde D y señala el punto con la letra E. (A esta medida le hemos aumentado los 2 cm que existen de diferencia entre el largo de talle espalda y largo de talle delantero, como puede ver en las medidas que en un principio se le dan).

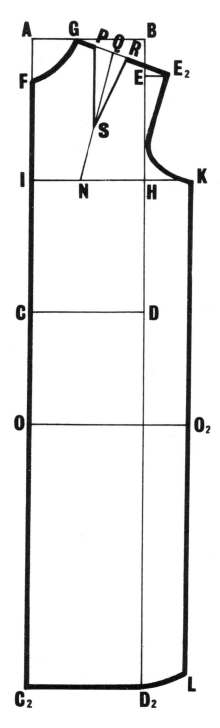

Figura 8. Patrón-tipo del delantero largo con pinza.

Escote

Desde A a B ponga la medida de ancho de escote, que es la misma que pusimos en el delantero recto largo, y lo señala con la letra G.

A partir de A, hacia abajo, ponga la bajada de escote, con la misma medida que el ancho de escote, señalando el punto con la letra F.

Después dibuje la línea de escote con una curva que una los puntos G y F (Fig. 8).

Línea de hombro

Para trazar la línea de hombro en el delantero con pinza, se han de añadir 4 cm a partir de E, hacia afuera, y señalaremos el punto con la letra E_2. Estos centímetros que se aumentan, son los que darán profundidad a la pinza.

Trace la línea de inclinación del hombro desde G hasta E_2. Observe en la figura 8, la explicación que hemos dado.

Sisa

Desde E se baja la medida de sisa y señalaremos el punto con la letra H.

Después se mide la distancia que hay entre B y H y se pone esta medida de A a C, señalando el punto con la letra I.

Línea de pecho

A partir de I, hacia la derecha, se pone la cuarta parte de contorno de pecho más, 2 cm de aumento para dar holgura a la prenda. Señalamos el punto con la letra K.

Desde H, hacia arriba, se señala la tercera parte de la medida de sisa con el punto J.

Para dibujar la línea de sisa, se empieza en E_2, pasa por J y termina en K (Fig. 8).

Pinza de hombro

En la distancia que hay entre IH, se señala el centro con la letra N.

En la línea de hombro, a partir de G, se ponen 6 cm y lo señala con la letra Q. Una mediante una línea los puntos Q y N y en dicha línea señale 6 cm, a partir de N, con la letra S.

Como la pinza tiene de profundidad 4 cm, se ponen 2 cm a cada lado de Q y se señalan con las letras P y R. De cada uno de estos puntos se traza una línea hacia S, quedando así dibujada la pinza de hombro. Vea el proceso que hemos seguido en al figura 8.

Largo total delantero

La medida del largo del delantero, se pone desde A, con dirección a C y señalamos el punto con la letra C_2. Desde B, se traza una paralela a AC_2 y con la misma medida que ésta, señalando el punto con la letra D_2.

Altura de cadera

La medida de altura de cadera se pondrá a partir de C, hacia abajo, señalando este punto con la letra O.

Línea de cadera

Desde O, se traza una línea horizontal con la medida de la cuarta parte del contorno de cadera, y se pone la letra O_2.

Línea de costado

La medida de la línea de costado en el delantero ha de ser igual que la de la espalda y se traza desde K, pasando por O_2 y terminando en un punto que llamaremos L.

Después se dibuja la línea del bajo, uniendo mediante una línea recta los puntos C_2 y D_2 y desde D_2 a L se traza una curva suave. (Fig. 8).

EJEMPLO PRACTICO

Patrón delantero largo con pinza

Para hacer el trazado de este patrón utilice las medidas que se indican en la explicación anterior.

Proceso a seguir en el trazado de dicho patrón

Con la escuadra trace un ángulo recto, cuyo vértice señalará con la letra A. (Fig. 9).

Desde A, hacia la derecha, ponga la medida de mitad de ancho de espalda, 18,5 cm, y señale el punto con la letra B.

A partir de A, hacia abajo, ponga la medida del largo de talle delantero, 44 cm, y la señala con la letra C.

Desde B, trace una línea paralela a AC y con la misma medida de ésta, y señale el punto con la letra D. Cierre el rectángulo con una línea que una los puntos C y D.

Altura de hombro

Desde D, hacia arriba, se señala la altura de hombro con la letra E.

Escote

La medida de ancho de escote, 7 cm, es la sexta parte del contorno de cuello, más 1 cm, y se señala de A hacia B con la letra G.

Desde A hacia C, ponga la bajada de escote, con la misma medida que el ancho de escote, y señale el punto con la letra F.

Una los puntos G y F mediante una curva. (Fig. 9).

Línea de hombro

Antes de trazar la línea de hombro hay que añadir 4 cm desde E, hacia afuera, señalando el punto E_2. Estos centímetros que se añaden son los que darán profundidad a la pinza.

Trace después una línea de G a E_2 y queda dibujada la línea de hombro.

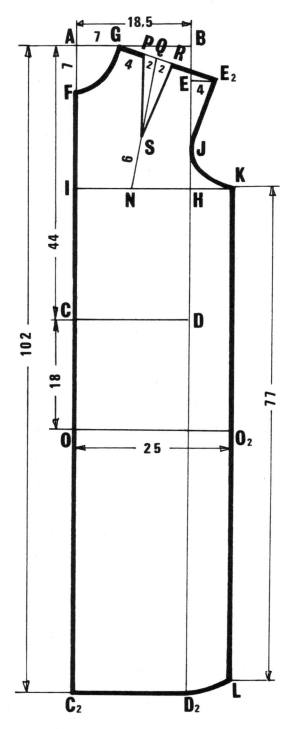

Figura 9. Ejemplo práctico del delantero largo con pinza.

Sisa

Desde E, baje 18 cm, que es la medida de sisa y señale el punto con la letra H.

Mida la distancia que hay entre los puntos B y H, y esta medida la pondrá desde A, hacia abajo, con el punto I.

Línea de pecho

Esta medida es la cuarta parte de contorno de pecho, más 2 cm que se aumentan para dar holgura a la prenda, y se señala desde I hacia H con la letra K. En el ejemplo que nos ocupa son 25 cm.

Desde H, hacia arriba, señale la tercera parte de la medida de sisa, que son 6 cm, con la letra J.

Con los puntos obtenidos trace la curva de sisa desde E_2, pasando por J y terminando en K (Fig. 9).

Pinza de hombro

En el centro de la distancia IH, señale el punto N. A partir de G, en la línea de hombro, señale 6 cm con la letra Q. Una los puntos Q y N mediante una línea. Desde N suba 6 cm y señale el punto con la letra S.

A cada lado de Q ponga 2 cm, señalando los puntos P y R. De cada uno de estos puntos trace una línea hacia S, y queda dibujada la pinza. (Fig. 9).

Largo total delantero

La medida del largo total del delantero es en este ejemplo de 102 cm, y se señala desde A, hacia abajo, con la letra C_2.

La línea BD la prolonga hasta la misma altura del punto C_2 y la señala con la letra D_2.

Altura de cadera

Desde el punto C, baje 18 cm, que es la medida de altura de cadera, y señale el punto O.

Línea de cadera

Esta medida es la cuarta parte del contorno de cadera, en este ejemplo son 25 cm, y se señala desde O, hacia la derecha, con la letra O_2.

Línea de costado

La línea de costado en el delantero tiene la misma medida que en la espalda, 77 cm. Trace una línea que empieza en K, pase por O_2 y termine en el punto L.

La línea del bajo va desde C_2 hasta D_2 con una línea recta, y después se continúa con una curva suave hasta L. (Fig. 9).

4

Patrones-tipo entallados. El pantalón

Como ya conoce usted bien el trazado de patrones rectos, por haberlos practicado anteriormente, empezamos el estudio de los patrones entallados, cortos y largos.

Hay dos modelos diferentes de estos patrones, y en este capítulo estudiará usted uno de los modelos, en corto y en largo.

Patrón corto entallado

El patrón corto consta de espalda y delantero.

Para su trazado, se dibuja primero el patrón-tipo corto recto y después se modifica, estrechando la línea de cintura con pinzas o costuras, hasta dejalo ajustado al talle, es decir, entallado.

Para el ejemplo que va a estudiar, empleará las siguientes medidas:

Ancho de espalda	37 cm
Largo de talle espalda	42 cm
Largo de talle delantero	44 cm
Altura de hombro	37 cm
Contorno de cuello...	36 cm
Sisa (la mitad de su vuelta).....................................	18 cm
Contorno de pecho 84 + 4	92 cm
Contorno de cintura	68 cm

Las medida de cintura es necesaria para todos los patrones entallados.

Trazado del patrón de espalda corto entallado

El trazado de este patrón consta de tres piezas: una central y dos en los costados, llamados costadillos. Estas tres piezas están unidas por dos costuras que hacen el entalle. (Fig. 1).

Se empieza el trazado como en la espalda recta y una vez terminada se convierte en entallada.

Con la escuadra trace un ángulo recto, señalando el vértice con la letra A. (Fig. 2).

A partir de A, hacia la derecha, pondrá la mitad del ancho de espalda, 18,15 cm, y lo señala con la letra B.

El largo de talle de espalda, que son 42 cm, lo pondrá desde A, hacia abajo, y lo señala con la letra C.

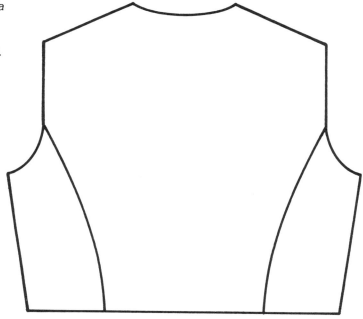

Figura 1. El patrón de espalda corta entallada consta de una pieza central y dos en los costados, llamadas costadillos.

Desde C trace una línea con la misma medida que AB y señale el punto con la letra D. Una los puntos D y B y quedará formado el rectángulo.

Altura del hombro

A partir de D, hacia arriba ponga la altura de hombro, que son 37 cm, y lo señala con la letra E.

Escote

Desde A bajará 1 cm y lo señala con el punto F.

La anchura de escote, como recordará, será la sexta parte del contorno de cuello, más 1 cm, o sea 7 cm, y lo señalará desde A hacia B con la letra G.

Desde G a E, se traza la línea del hombro.

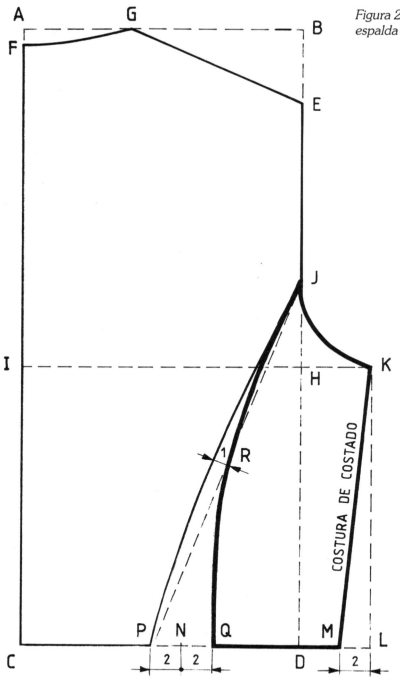

Figura 2. Trazado del patrón de espalda corta entallada.

Sisa

A partir de E, hacia abajo, ponga la medida de sisa, que son 18 cm, y señala el punto con la letra H.

Después se mide la distancia que hay entre B y H y esta misma medida se señala a partir de A, con el punto I.

Línea de pecho

Desde I pasando por H se pone la cuarta parte de medida de contorno de pecho y señala el punto con la letra K.

Para trazar la curva de la sisa se calcula la tercera parte de la línea EH, que son 6 cm en este ejemplo, y lo señala desde H, hacia arriba, con el punto J. Después se traza la curva desde J hasta K. (Fig. 2).

Línea de costado

Paralela a la línea HD y con la misma medida, se traza la línea de costado desde el punto K, y señalará el final de la línea con la letra L.

Desde C hasta L, se traza la línea de cintura.

Entalle del patrón de espalda corto

Terminado el patrón recto, hay que entallarlo en la costura del costado y en la línea costadillo, que es la línea que une la pieza central con el costadillo. (Fig. 2).

Lo primero que tiene que hacer es calcular la diferencia que hay entre la medida de la línea de pecho y la cuarta parte de la vuelta de cintura. Serán pues, 23 cm, menos 17 cm, es igual a 6 cm, los cuales hay que entallarlos entre las dos costuras anteriormente citadas, dando doble entalle a la línea del costadillo que al costado.

Por consiguiente, se dividen los 6 cm en tres partes iguales, dando resultados de 2 cm cada parte. Una de ellas, 2 cm, los entallará en el costado desde L, hacia adentro, señalando la letra M.

Después trace la línea KM, que será la costura del costado.

Las dos partes que quedan para entalle, 4 cm, los pondrá en la línea del costadillo de la siguiente forma:

En el centro de la línea CM se señala un punto con la letra N, y a ambos lados de esta letra se marcan 2 cm, señalándolos con la letra P, hacia la izquierda, y la Q, hacia la derecha. Para evitar confusiones al colocar las letras, es conveniente que se vaya fijando en el dibujo conforme traza el patrón. (Fig. 2).

Ahora trazará usted una línea recta desde J hasta P. En el centro de esta línea se señala el punto R. Después dibuje las líneas de las costuras, tal como indica la figura 2. Una empieza en J, pasa a un centímetro de R, y termina en P. La otra empieza en J, pasa por R, y acaba en Q.

Acabado el patrón, se perfila su contorno con lápiz de color y se recorta, separando el costadillo de la pieza central. (Fig. 3).

Trazado del delantero entallado con pinza

El delantero de este modelo consta de una sola pieza, y el entalle está repartido entre la costura del costado y una pinza en la cintura. (Fig. 4).

Comenzará trazando el delantero recto que ya conoce. Se empieza dibujando con la escuadra un ángulo recto que se señalará con la letra A.

Desde A, hacia la derecha, pondrá la mitad del ancho de espalda, que señalará con la letra B.

A partir de A, hacia abajo, pondrá el largo de talle delantero, que son 44 cm, y señala el punto con la letra C.

Después a partir de B, trace una línea paralela a AC y con su misma medida y señale el punto con la letra D.

Altura de hombro.

Para señalar la altura de hombro puede aplicar el procedimiento más cómodo de los explicados. Consiste en medir la inclinación del hombro, en el patrón de distancia BE, y esta medida ponerla en el delantero desde B, hacia abajo, con el punto E.

Escote

En el delantero, la bajada de escote y el ancho del mismo tiene la misma medida, es decir 7 cm, y se señala de A a B con la letra G y de A a C con la letra F.

Sisa

Desde E se pone la medida de sisa y se señala con la letra H.

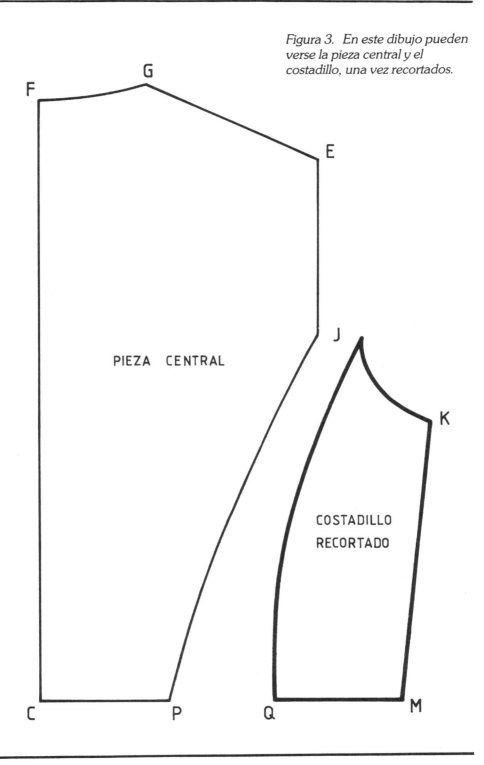

Figura 3. En este dibujo pueden verse la pieza central y el costadillo, una vez recortados.

PIEZA CENTRAL

COSTADILLO RECORTADO

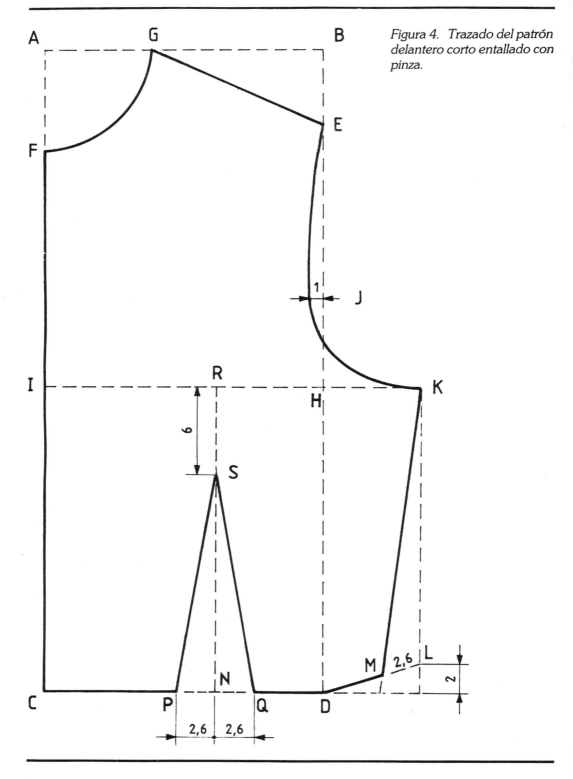

Figura 4. Trazado del patrón delantero corto entallado con pinza.

La medida que hay entre B y H se lleva desde A, hacia abajo, y se señala con la letra I.

Línea de pecho

Desde I, hacia H, se pone la cuarta parte del contorno de pecho, más 2 cm, es decir 25 cm, y se señala con la letra K.

A partir de H, hacia E, marcará 6 cm, que es la tercera parte de la sisa y lo señalará con el punto J. Después trazará la curva de la sisa que empieza en E, pasa a 1 cm de J y termina en K. (Fig. 4).

Línea de costado

A partir del punto K y paralela a la línea HD, trace una línea con la misma medida que había puesto en la espalda, y señala el punto con letra L.

La línea de cintura es recta desde C hasta D y desde este punto hasta L es ligeramente curva. Como recordará usted este desnivel de la cintura del delantero es debido a que existe una pequeña diferencia entre el largo de talle de espalda y el largo de talle delantero, y como la costura del costado es una de las costuras de unión del delantero con la espalda, es necesario este pequeño desnivel en la cintura del delantero para que las costuras del costado queden niveladas, o sea con la misma largura.

Entalle del delantero corto

Después de trazado el delantero recto, hay que entallarlo. Para ello tiene que calcular la diferencia que existe entre la línea de pecho y la cuarta parte de la vuelta de cintura. El total de este ejemplo son 8 cm, los cuales se dividen en tres partes iguales, resultando 2,6 cm para cada parte. Una parte la entallará en el costado, y las otras dos partes en la pinza.

Desde L, se entran los 2,6 cm, que señalará con la letra M. Después se traza la costura del costado K hasta M.

En la línea de cintura se señala el punto N, en el centro de la distancia CM. A ambos lados de N se ponen 2,6 cm con las letras P y Q. (Fig. 4).

Desde N, hacia arriba, se dibuja una línea auxiliar que termine con la letra R en la línea de pecho.

Después se bajan 6 cm desde R, y se señala el punto S.

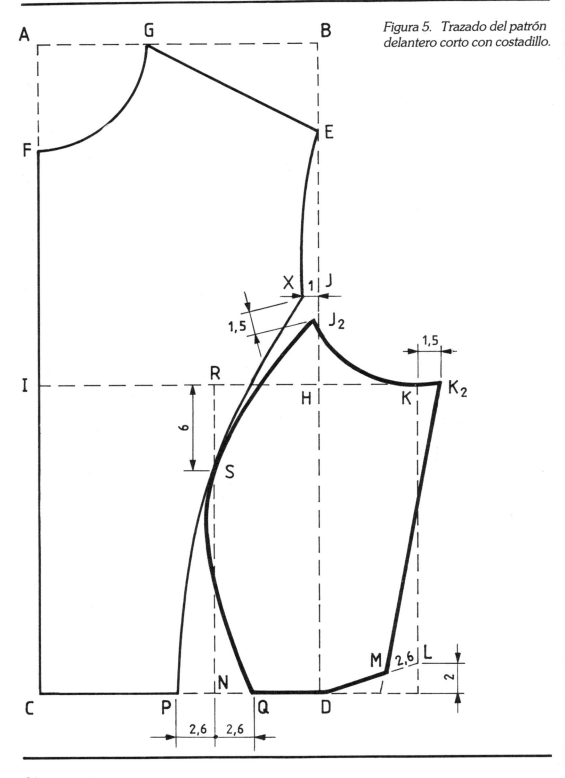

Figura 5. Trazado del patrón delantero corto con costadillo.

Para dibujar la pinza, basta unir con S los puntos P y Q.

Como puede observarse, en la figura 4, la pinza queda con doble entalle que el costado. La pinza lleva dos partes de entalle, o sea, 5,2 cm, y el costado, solamente 2,6 cm.

Al recortar el patrón después de terminado, hay que recortar la pinza de la cintura siguiendo las líneas de la misma.

Nota: En la tela no se cortan las pinzas. Unicamente, en el caso de que fueran muy profundas, se recortarán después de cosidas.

Delantero con costadillo

Podemos hacer el delantero, en lugar de con pinza, con un costadillo, que será igual que el que hicimos con la espalda. Para ello, basta conque hagamos unas modificaciones al patrón delantero con pinza, que acabamos de trazar.

El punto K lo sacaremos 1,5 cm hacia afuera marcando el punto K_2, que uniremos con M. (Fig. 5).

Este centímetro y medio que hemos sacado en K, lo pondremos en la sisa de la siguiente forma: A 1 cm de J marcaremos otro punto que lo llamaremos X y desde ese punto y en dirección al costado, en la curva de la sisa, mediremos el mismo centímetro y medio que hemos sacado en K, poniendo el punto J_2. A continuación se une X con S por medio de una curva suave y se continúa la línea hasta P. Después J_2 lo uniremos con Q pasando también por S, pero haciendo una curva suave. Ver figura 5. Por último se une el punto Q com M.

Una vez terminado el patrón recortaremos las piezas dibujadas en la figura 5 y tendremos preparado el delantero con costadillo.

Patrón-tipo entallado largo

Este modelo es muy parecido al anterior, con la diferencia de que éste es largo. Se emplea para abrigos y chaquetas.

Para el estudio de este ejemplo, empleará las medidas siguientes:

Ancho de espalda	37 cm
Largo de talle espalda	42 cm
Altura de hombro	37 cm
Contorno de cuello	36 cm
Sisa (la mitad de su vuelta)	18 cm

Contorno de pecho 88 + 4.................................... 92 cm
Contorno de cintura .... 68 cm
Altura de cadera .... 18 cm
Vuelta de cadera 96 + 4....................................... 100 cm
Largo total de espalda... 100 cm

Para los abrigos hay que tomar las medidas un poco holgadas, para que no resulte excesivamente ceñida la prenda.

Trazado de la espalda larga entallada

La parte superior de este modelo es exactamente igual que el modelo anterior de espalda, por tanto, ya sabemos que este patrón que vamos a estudiar, se compone de tres piezas: una central y dos en los costados, unidas ambas con una costura que acaba en el bajo y empieza en la sisa, desde el punto J.

Se comienza trazando el patrón de espalda recta larga. (Fig. 6).

En la línea AB se pone la mitad de ancho de espalda, que son 18,5 cm. Desde A a C, el largo de talle espalda; la línea CD irá paralela a AB y con la misma medida de ésta. Después se unen los puntos B y D.

La línea AC hay que prolongarla hasta C_2 con la medida del largo total de espalda, es decir, desde A se pone la medida de largo total de espalda, que son 100 cm en el ejemplo que nos ocupa. Esta misma medida la pondremos desde B, hacia abajo, y señalaremos el punto D_2. Unimos los puntos C_2 y D_2 para la línea del bajo.

La altura del hombro son 37 cm y se ponen desde D hacia arriba, marcando el punto E.

La anchura de escote, que es la sexta parte de la vuelta de cuello más 1 cm, la pondremos de A a B y señalaremos el punto con la letra G. La baja de escote es de 1 cm y la pondremos de A, hacia abajo, con la letra F.

Desde G a E se traza la línea del hombro. La medida de sisa que son 18 cm, se pone desde E, hacia abajo, señalando el punto H. Esta misma medida se pone desde A a C y señalamos el punto con la letra I.

A partir de I hacia H, se traza la línea de pecho, que es la cuarta parte del contorno de pecho y la señalamos con la letra K.

Para dibujar la sisa tiene que hallar la tercera parte de EH y dicha medida la pondrá desde H, hacia arriba, con el punto J. Trace después una curva desde J hasta K.

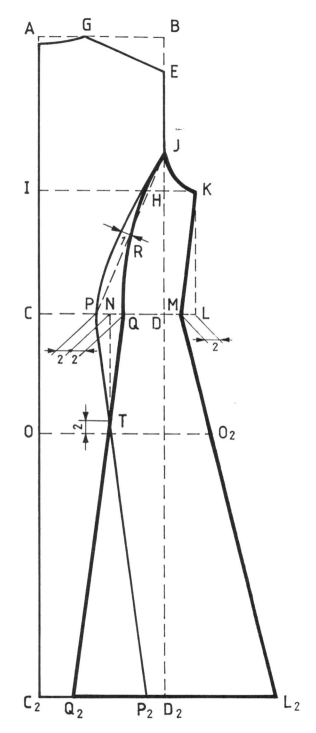

Figura 6. Forma de realizar el patrón de espalda larga entallada.

La línea de costado la trazará desde K y paralela a HD, señalando el punto con la letra L. Una los puntos D y L y quedará dibujada la línea de cintura. (Fig. 6).

Desde C, hacia abajo, se marca la altura de cadera, 18 cm, señalando el punto O. Desde este punto hacia la derecha, se traza la línea de cadera, 25 cm, con el punto O_2 (recordará, que en esta medida, se pone la cuarta parte de la vuelta completa de cadera).

Entalle del patrón de espalda largo

Para el entalle, hay que hallar la diferencia que hay entre la medida de la línea de pecho y la cuarta parte de la vuelta de cintura. Si la línea de pecho mide 23 cm, y la cuarta parte de la vuelta de cintura son 17 cm, el total será, pues: $23 - 17 = 6$ cm, los cuales hay que entallar como ya explicamos en el patrón de espalda corto, repartidos entre la costura del costado y el costadillo, dando doble entalle al costadillo.

El entalle del costado lo hará entrando 2 cm, desde L, marcando el punto M. Una los puntos, KM y obtendremos la costura del costado. Los 4 cm que quedan los pondrá en la costura del costadillo de la manera siguiente:

En el centro de la línea CM se marca el punto N, y a ambos lados se ponen 2 cm con las letras P y Q. Después trace una línea recta desde J hasta P. En el centro de esta línea se señala un punto con la letra R.

Para trazar la línea de la pieza central empieza desde J, pasa a un centímetro de R y termina en P.

La línea del costadillo empieza trazándola desde J, pasa por R y termina en Q. Vea en la figura 6 la forma de trazar estas líneas.

Dibujadas estas costuras en el cuerpo, hay que continuarlas hasta la falda de la forma siguiente:

Se dibuja una línea desde N, hacia abajo, terminando a 2 cm de la línea de cadera, y se marca con el punto T. Esta línea NT tiene que quedar paralela a CO.

Después se prolongan las dos líneas del costadillo. Una desde P, pasando por T y acabando en la línea del bajo con la letra P_2. La otra, desde Q, pasando por T y terminando en O_2.

Para terminar prolongaremos la línea del costado que desde M, pasa por O_2 y termina en la prolongación de la línea del bajo con la letra L_2.

Terminado el patrón hay que calcar con papel transparente la pieza del costadillo, o sea, la parte que se ve en el dibujo marcada con trazo más grueso, la pieza central se recorta por su contorno en el patrón, después de calcado el costadillo.

En la figura 7 puede ver como quedan las dos piezas después de recortadas.

Trazado del delantero largo entallado

Este patrón es muy parecido al delantero recto, con la diferencia de que como éste es entallado, lleva pinza en la cintura y por este motivo varía la costura del costado. (Fig. 8).

Para su trazado empleará las mismas medidas que en la espalda, más el largo de talle delantero que son 44 cm, y el largo total 102 cm.

Empezará trazando el ángulo recto como en anteriores patrones, señalando el vértice con la letra A.

Desde A a B, se pone la mitad de ancho de espalda; desde A a C el largo del talle delantero, 44 cm. La línea CD irá paralela a AB y con la misma medida de ésta; después se unen los puntos B y D.

Para marcar la altura del hombro, se mide en la espalda la distancia que hay entre los puntos BE, y las misma medida se coloca en el delantero con esos mismos puntos.

Desde E, se pone la bajada de sisa hasta H. Después se señala el punto I con la misma medida que BH, y desde este mismo punto se traza la línea de pecho con 2 cm de aumento que, como recordará, damos el delantero, señalando el punto con la letra K.

A partir de H, hacia arriba, se pone la tercera parte de la línea de sisa, señalando el punto con la letra J. La curva de la sisa parte del punto E, pasa a 1 cm de J y termina en K.

La bajada y anchura de escote es la misma en el delantero, en este ejemplo son 7 cm. Se señala de A a B con la letra G y de A a C con la letra F. Después se traza la línea del hombro hasta G hasta E.

La línea AC hay que alargarla hasta C_2, con el largo total del delantero, 102 cm. También se alarga la línea BD, paralela a AC_2, señalando el punto con la letra D_2.

Desde C, se pone la altura de cadera terminando en el punto O. Desde este punto, se traza la línea de cadera con el punto O_2, paralela a la línea de cintura.

Para trazar la línea del costado, no es necesario que mida usted esta línea en la espalda, como ha hecho en ejemplos anteriores, sino que hará lo siguiente: Desde L, subirá los centímetros que haya de diferencia entre el largo de talle espalda y delantero; este desnivel es, generalmen-

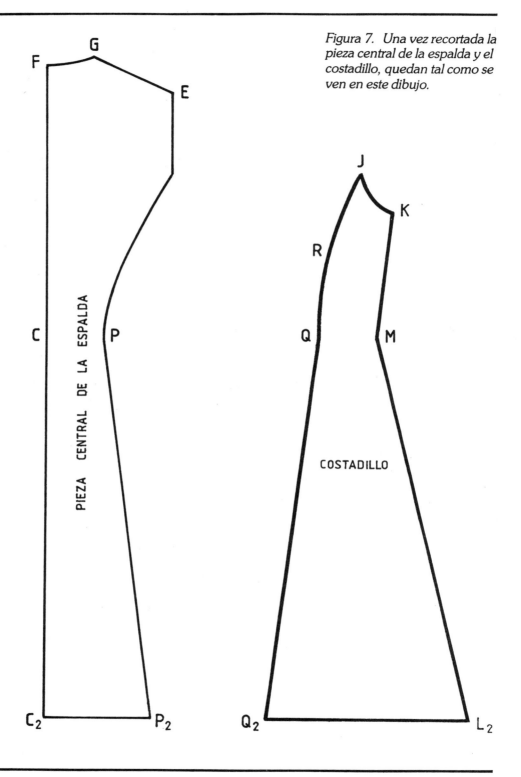

Figura 7. Una vez recortada la pieza central de la espalda y el costadillo, quedan tal como se ven en este dibujo.

PIEZA CENTRAL DE LA ESPALDA

COSTADILLO

Figura 8. Trazado del patrón delantero largo entallado con pinza.

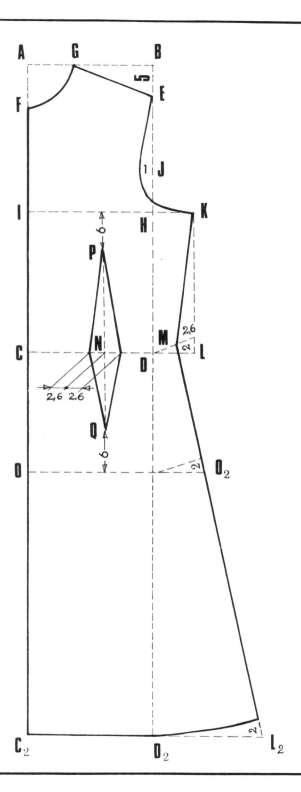

93

te, de 2 cm. Pero si, por ejemplo, la espalda mide de talle 40 cm, y el delantero 43 cm, el desnivel será de 3 cm. En este ejemplo, esta diferencia es de 2 cm, por tanto, subirá éstos, en la línea de cintura desde L, y en la cadera, desde O_2. (Fig. 8.).

Entalle del delantero largo

Para hacer el entalle hay que hallar la diferencia que hay entre la línea IK de pecho y la cuarta parte de cintura. El resultado será: 25 cm menos 17 cm, total 8 cm, los cuales los entallará repartidos entre el costado y la pinza de la cintura, dando a la pinza doble entalle.

En la línea de cintura, desde L, se entalla 2,6 cm, marcando el punto M.

Para dibujar la pinza, se marca con el punto N el centro de la distancia CM.

Después, desde N, hacia arriba y abajo, se dibuja una línea auxiliar, terminado sus extremos a 6 cm de las líneas pecho y cadera, respectivamente, poniendo en el extremo superior la letra P, y en el inferior, la Q. Después se marcan 2,6 cm a ambos lados de N, y estos puntos se unen con P y Q. En la figura 8 puede ver la pinza dibujada en el patrón.

La línea del costado empieza en K pasando por M y continuando por O_2 hasta el bajo, con la letra L_2. Este punto se pone a la altura de D_2 y después se suben los 2 cm de desnivel, como hizo en la cintura y cadera.

La línea del bajo irá recta C_2 hasta D_2, continuando un poco curva hasta 2 cm más arriba del punto L_2.

Trazado del delantero largo con costadillo

En este caso, al igual que hicimos con el delantero corto, vamos a trazar unas modificaciones en el patrón del delantero, para conseguir el delantero largo con costadillo.

Desde J meteremos 1 cm y marcaremos el punto X. Desde este punto trazaremos una recta que lo unirá con el punto S, que habremos marcado a 2,6 cm, a la izquierda de N y 2,6 cm, a la derecha de N pondremos el punto Y. (Fig. 9).

Seguidamente, en la mitad de la línea XS pondremos el punto R.

Desde X, en la línea de sisa y en dirección a K, mediremos 1,5 cm y pondremos el punto J_2.

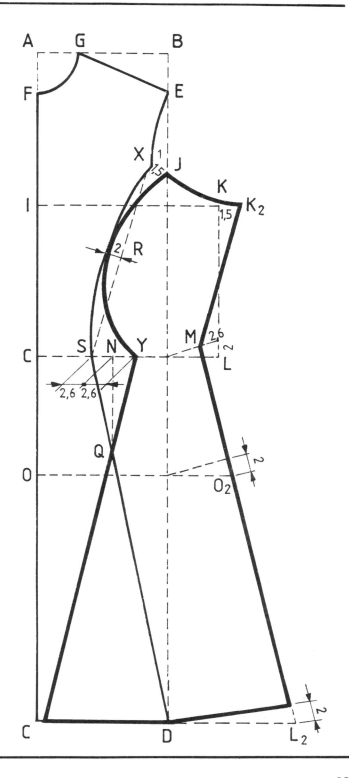

Figura 9. Trazado del patrón delantero largo con costadillo.

Después uniremos J_2 con Y por medio de una curva suave que pasará a 2 cm a la izquierda de R, y también uniremos X con S con otra curva suave, tal como vemos en la figura 9.

Al punto K le sacaremos los mismos centímetros que hemos puesto desde X a J_2, es decir 1,5 cm y marcaremos el punto K_2 que uniremos con M.

Por último trazaremos una línea recta que empiece en S, pase por Q y termine prolongándose hasta la línea de bajo.

Lo mismo haremos con la línea YQ que prolongaremos hasta el bajo.

Una vez trazado este patrón hay que calcar con papel transparente la pieza del costadillo, o sea la parte que se ve en el dibujo marcada con trazo más grueso. La pieza central se recorta por su contorno en el patrón, después de calcado el costadillo.

Algunas instrucciones de interés

· Vamos a darle algunos detalles que son de mucho interés para ampliar sus conocimientos de corte.

Insistimos sobre la manera de tomar las medidas, puesto que éstas son de suma importancia en el corte de las prendas. De nada le valdría saber trazar bien los patrones, si no pone cuidado en tomar las medidas con exactitud. Por esto, le vamos a dar algunas instrucciones referentes a este tema de las medidas, que le serán de gran utilidad.

Tenga en cuenta que si las medidas las toma demasiado ceñidas, puede llegar a estropear la tela. Por esto, le aconsejamos que las tome siempre con holgura.

Se dice que una medida se ha tomado holgada cuando la cinta métrica puede girar alrededor del cuerpo sin dificultad, pero quedando justa. En este caso, es necesario añadir unos centímetros al contorno de pecho y cadera, como hemos estado haciendo durante el estudio de patrones.

Unicamente la medida del escote debe tomarse bien ajustada, y también la de la sisa, y en caso de que resultara después un poco pequeña, la corregiríamos fácilmente, recortando un poco sus bordes en la primera prueba.

Es conviente dejar un buen margen de costura para posibles rectificaciones, sobre todo cuando aún no se tiene la suficiente práctica en el corte.

Hay, además, otra forma de tomar las medidas. Consiste en dejar la cinta métrica floja, dejándola separada del cuerpo tanto como se quiera dar de holgura, en cuyo caso no se necesita dar aumento al contorno de pecho y cadera.

Para tomar, con exactitud, las medidas a aquellas personas de excesivo busto, existe un procedimiento. Consiste en tomar la medida de vuelta de pecho en la siguiente forma: Se toma primero la medida total de su vuelta y, separadamente, el ancho de pecho delantero, o sea, de costado a costado, pasando la cinta métrica por la parte más saliente del pecho. Después se calcula la diferencia que hay entre las dos medidas, y esa diferencia será la que corresponde a la espalda.

Ejemplo: Si la vuelta completa son 100 centímetros y la medida del delantero 54 centímetros, se halla la medida de la espalda, restando estos 54 centímetros a los 100 de la vuelta completa, siendo, pues el total de, $100 - 54 = 46$ cm (46 centímetros), los cuales son los que corresponden a la línea de pecho de la espalda.

El mismo sistema puede emplear con las medidas de contorno de cintura y cadera cuando sea grande la desproporción de la trasera con el delantero.

Suele ocurrir, en estos casos, que la anchura de espalda resulta pequeña en proporción con la línea de pecho, y la sisa delantera queda demasiado pronunciada.

En este caso, lo que se puede hacer es ensanchar el hombro hasta que la sisa resulte bien, sin que haya inconveniente en que ésta pase un poco más afuera del punto J, con tal de que adquiera la forma adecuada. (Fig. 10).

También se aconseja que, a estas personas gruesas, se les ponga pinza en el hombro delantero.

Pantalón de señora

Esta prenda, que es una de las que plantea mayores dificultades a toda modista, tiene igualmente sus reglas para el trazado de los patrones, destacando por su importancia la exactitud con que se tomen las medidas.

En algunas ocasiones puede resultar práctico tomar esas medidas directamente de otro pantalón, eligiendo uno que quede bien de todo (largo, ancho, etc.). Pero como lo que se pretende es que conozca usted perfectamente cómo debe tomar estas medidas, veamos seguidamente

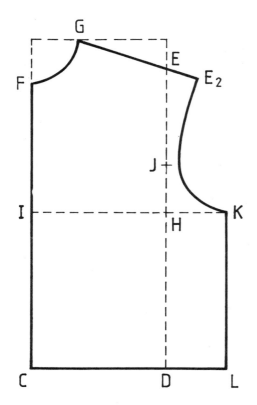

*Figura 10. Cuando la sisa
delantera queda demasiado
pronunciada, se puede hacer que
la curva pase un poco más hacia
afuera del punto J.*

la forma de proceder. En la figura 11 están representadas algunas de
estas medidas.

Largo de pantalón

Esta medida la tomaremos desde la cintura, por el costado, hasta la
mitad del tacón del zapato. Tomando el largo de pantalón con zapatos
altos se situará el metro hasta 2 cm más arriba del final del tacón del
zapato, o sea, aproximadamente a 2 ó 3 cm del suelo.

Ancho de cadera

Rodéese la cadera con el metro, poniendo éste por la parte más
alta, aproximadamente a unos 15 cm, por debajo de la cintura (esto dará
4 ó 5 cm menos que para hacer una falda, puesto que para ella se toma
por la parte más saliente).

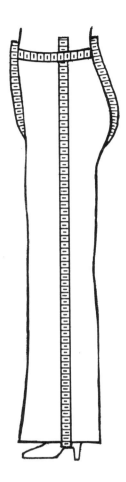

Figura 11. Forma de tomar las medidas para realizar un pantalón de señora.

Entrepierna

Se toma desde lo más alto de la entrepierna hasta la mitad del tacón del zapato, es decir, a unos 2 cm, del suelo al igual que hemos hecho al tomar la medida de «largo de pantalón».

Tiro

Se pone el metro en la cintura, por la parte de atrás, y sujetándolo con una mano se hace pasar con la otra por la entrepierna hasta llegar a la cintura por la parte del delantero. La cinta métrica debe quedar relativamente tirante, y no floja, al tomar esta medida.

Ahora bien, para hallar la medida final del tiro, que habrá de ser la que se ponga en los patrones delantero y trasero, no puede hacerse dividiendo esta medida en dos partes iguales, ya que, por razones lógicas, tampoco son iguales en volumen las zonas delantera y trasera de una persona. No puede haber por tanto regla fija, pero sí puede darse una forma aproximada de cómo hacerlo que le servirá a usted de punto de partida, siendo luego su razón y su experiencia las que aconsejarían en cada caso, y a la vista de la constitución física de su cliente, las variaciones que ha de dar a esta medida.

Veamos un ejemplo práctico: Si tenemos una medida total de tiro de 64 cm, buscaremos la mitad de esta medida, que son 32 cm, y le añadiremos 4 cm, para el trasero (resultarán 36 cm), quitándolos del delantero que quedará con 28. Como verán resulta una diferencia de 8 cm, entre el delantero y el trasero. No obstante, esta diferencia no podrá ser siempre la misma, pues según vaya siendo mayor el total de la medida de tiro también tendrá que serlo esta diferencia, que quedará siempre oscilando entre los 6 y 12 cm.

Para comprenderlo mejor veamos seguidamente una tabla que podrá ser, además, de gran utilidad práctica:

Medida total de tiro	Diferencia entre el tiro delantero y el trasero
Hasta 45 cm............................	6 cm
De 46 a 60 cm.......................	7 cm
De 61 a 65 cm.......................	8 cm
De 66 a 70 cm.......................	9 cm
De 71 a 75 cm.......................	10 cm
De 76 a 80 cm	12 cm

Como se ve, cuanto más gruesa sea una persona, más diferencia debe ponerse entre el tiro delantero y el de espalda. Para mayor claridad, y puesto que esta medida es muy importante para que el pantalón quede bien, vamos a poner una relación de medidas con el tiro que les corresponde para el delantero y para el trasero:

Para un tiro de	Poner para delantero	Poner para trasera
80 cm	34 cm	46 cm
76 cm	32 cm	44 cm
72 cm	31 cm	41 cm
68 cm	29,5 cm	38,5 cm
65 cm	28,5 cm	36,5 cm
60 cm	26,5 cm	33,5 cm
50 cm	21,5 cm	28,5 cm
46 cm	19,5 cm	26,5 cm

Esperamos que con estas aclaraciones les sea fácil hallar el tiro que tienen que poner en cada caso concreto.

Cintura

Se toma esta medida pasando el metro alrededor de la cintura y no debe quedar demasiado apretado.

Rodilla

Esta medida se toma desde la cintura, hasta la mitad de la rodilla.

Pata o bajo del pantalón

Se toma desde la puntera al tacón del zapato y el doble de lo que nos dé esta medida, más 2 ó 4 cm aproximadamente, será su medida total. Puede variar según los gustos y la influencia de la moda.

También en la medida de pata hay diferencia entre la delantera y la trasera. En el patrón de la trasera daremos 2 ó 3 cm más que para el delantero. Por ejemplo, si tenemos 72 cm de medida total de bajo, o pata, pondremos 35 cm para el patrón del delantero y 37 cm para el patrón de espalda.

Las medidas más importantes para el trazado del pantalón, son la entrepierna y el tiro (esta dos medidas son la clave del pantalón). Si tomamos una entrepierna corta, daremos lugar a sacar un pantalón defectuoso, y si por el contrario la tomamos larga, tampoco nos quedará bien en la primera prueba. Se corrige mejor una entrepierna tomada larga, que una corta.

Hasta aquí las primeras normas básicas para la realización de un pantalón. En próximos capítulos iremos estudiando distintos modelos y desarrollando paso a paso su trazado y confección. Hacerlo ahora sería prematuro ya que, dada su dificultad, es preciso que usted se halle más adelantada en el estudio y haya realizado antes otros trabajos más sencillos. Hemos querido, sin embargo, que conociese desde ahora, paralelamente al estudio de los diversos patrones tipo, la peculiar forma de toma de medida para el trazado de modelos de pantalón de señora.

5

Segundo modelo del patrón-tipo entallado. Pantalón de señora

Patrón-tipo corto entallado

Este modelo de patrón corto entallado consta de espalda y delantero.

Para su trazado, se dibuja primero el patrón-tipo corto recto, como hizo con el primer modelo entallado del capítulo anterior.

Las medidas que empleará en este modelo son las siguientes:

Ancho de espalda...	38 cm
Largo de talle espalda...	40 cm
Largo de talle delantero..	42 cm
Altura de hombro	35 cm
Contorno de cuello..	35 cm
Sisa (mitad de su vuelta)...	18 cm
Contorno de pecho: 90 más 4	94 cm
Contorno de cintura	68 cm

Trazado del patrón de espalda corto entallado

La espalda del patrón corto consta de tres piezas, una central y dos en los costados, llamados costadillos, unidas ambas por dos costuras que van desde el hombro hasta la cintura. (Fig. 1).

Con la escuadra empiece el trazado del patrón de espalda recta, que después convertirá en entallado. (Fig. 2).

Desde A a B, ponga la medida de la mitad de ancho de espalda. En este ejemplo como hemos variado las medias con el fin de que vaya usted adquiriendo práctica, corresponde dicha medida a 19 cm.

Desde A a C, pondrá el largo de talle espalda, 40 cm. Trace después las líneas CD y BD, paralelas a AB y AC respectivamente.

Desde D, hacia arriba, ponga 35 cm de altura de hombro, señalando el punto con la letra E.

Desde A a G, ponga la anchura de escote, que será la sexta parte del contorno de cuello más un centímetro, o sea, 6,8 cm (seis centímetros y ocho milímetros).

La bajada de escote la pondrá desde A hasta F, con la medida de siempre, 1 cm.

La línea del hombro se dibuja desde G hasta E.

Desde E, hacia abajo, ponga la medida de sisa que son 18 cm marcando el punto H. Después se mide la distancia que hay entre B y H y esta misma medida se señala a partir de A, con el punto I.

Figura 1. En este patrón, las costuras que unen los costadillos con la pieza central, van desde el hombro hasta la cintura.

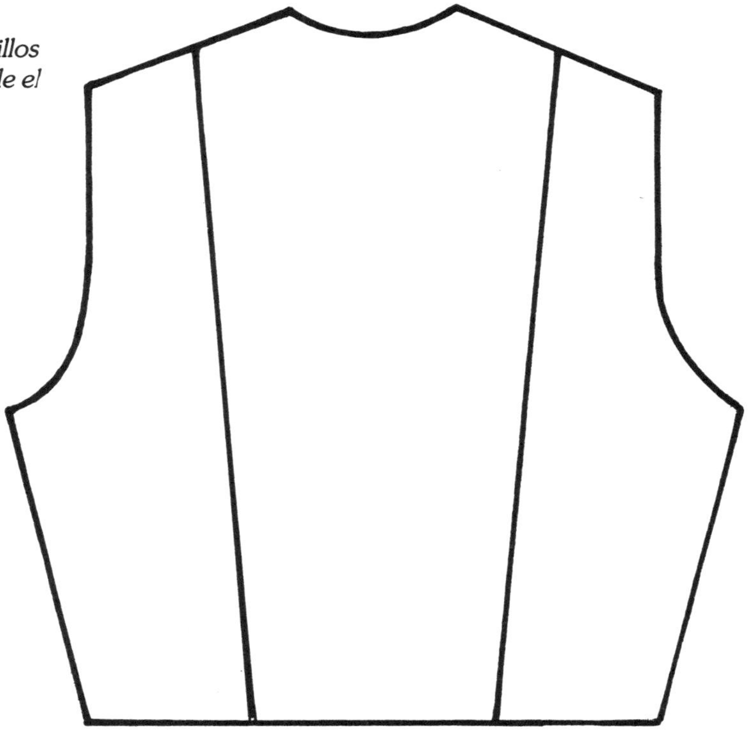

Después, desde I hacia H, se pone la cuarta parte del contorno de pecho, 23,5 cm en este ejemplo y se señala con la letra K.

Desde H se suben 6 cm que corresponden a la tercera parte de sisa, línea EH, y se señala el punto J. Desde J se traza una curva hasta K, o extremo de la línea de pecho.

Para la línea de costado se baja una paralela a HD, desde K hasta L. Uniendo los puntos C y L queda dibujada la línea de cintura.

Entalle del patrón de espalda corta

Terminado el patrón de espalda recta, hay que entallarlo en el costado y en la costura que une el costadillo a la pieza central.

Calcule los centímetros que hay de diferencias entre la línea de pecho IK y la cuarta parte de la vuelta de cintura.

En este ejemplo serán: 23,5 cm, menos 17 cm, total 6,5 cm (seis centímetros y 5 milímetros).

Este total, es lo que tiene que dar de entalle a la cintura para que

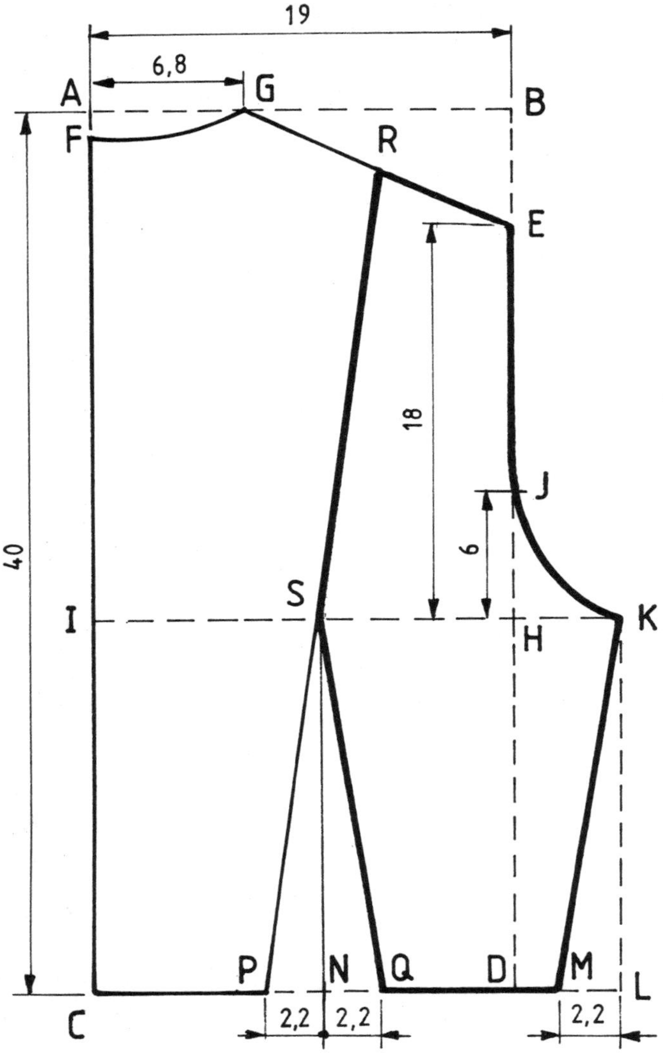

Figura 2. Patrón de espalda corto entallado.

quede ceñida. A la pinza de la costura del costadillo, hay que dar doble entalle que al costado.

Así pues, con esos 6,5 cm de entalle, se harán tres partes, resultando cada una 2,16 cm, que redondearemos con medidas más exactas, poniendo 2,2 cm (2 centímetros y 2 milímetros).

Una de estas partes la pondrá de L a C, señalando el punto con la letra M. Después se unen los puntos K y M y obtendremos la costura del costado.

En la distancia que hay entre C y M se señala el centro con la letra N, y a ambos lados de esta letra se marcan 2,2 cm, señalándolos con las letras P y Q. Observe en la figura 2 que la medida PQ, es doble que la medida LM.

En la mitad de la línea del hombro, señale el punto R; después trace una línea desde R a P y en el punto donde se cruza con la línea de pecho lo señala con la letra S. Desde S, trace una línea hasta Q, quedando así formada la pinza de la costura del costadillo.

Una vez terminado el patrón se perfila el contorno del costadillo con trazo más grueso o con un lápiz de color, y se recorta separando las dos piezas. En la figura 3, puede ver las piezas separadas.

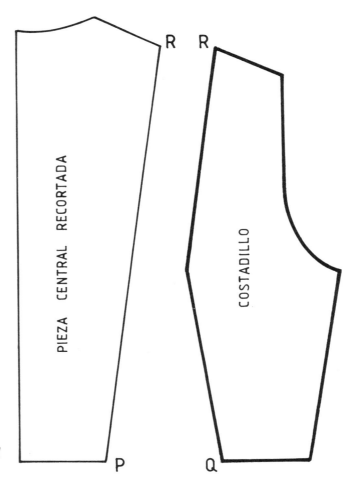

Figura 3. Después de cortar el patrón de la figura anterior, quedan separadas la pieza central y el costadillo.

Trazado del delantero corto entallado

Las medidas son iguales que las que hemos empleado en el patrón de espalda, excepto la de largo de talle.

El delantero de este modelo, consta también de dos piezas; unidas ambas por una costura de dos pinzas; una en el hombro, y otra en la cintura que hace el entalle. (Fig. 4).

Comenzará el trazado dibujando el delantero recto con pinza en el hombro, aunque de momento no dibujará la pinza; únicamente dará los 4 cm, de ensanche desde E hasta E_2.

Vamos a explicarle el trazado del delantero recto, aunque usted ya lo conoce por haberlo estudiado en capítulos anteriores, pero de esta forma se le irá grabando mejor en la memoria.

Empezará trazando el ángulo recto, señalando su vértice con la letra A. Desde A, hacia la derecha, se pone la mitad del ancho de espalda marcando el punto B.

Después el largo de talle delantero desde A hasta C.

Desde C se traza una línea paralela a AB y con su misma medida, y se marca el punto D. A continuación se unen los puntos BD.

La inclinación del hombro en el delantero es la misma que en la espalda, como ya hemos dicho otras veces, por lo que midiendo la distancia BE y pasándola al delantero, desde B, hacia abajo tenemos el punto E.

La bajada y el ancho de escote en el delantero tiene la misma medida, es decir la sexta parte del contorno de cuello, más 1 cm. Estos puntos se señalan con las letras G y F, que se unen entre sí mediante una curva pronunciada.

Desde E, hacia abajo, se señala la medida de sisa, 18 cm, con la letra H.

Después hay que ensanchar el hombro 4 cm en línea recta, desde E hasta E_2. Estos 4 cm serán los que demos de profundidad a la pinza. A continuación se traza la línea del hombro, desde G hasta E_2, sin pasar por E. (Fig. 4).

La medida que hay entre B y H, se pone desde A, hacia abajo, y se señala con la letra I.

Desde I hacia H, se pone la cuarta parte del contorno de pecho, más 2 cm. En el ejemplo que nos ocupa serán 25,5 cm y se señala el punto con la letra K.

A partir de H, hacia E, marcará 6 cm, que es la tercera parte de la sisa, y lo señalará con el punto J. Después traza la curva de la sisa que empieza en E_2, pasa por J y termina en K, como se ve en la figura 4.

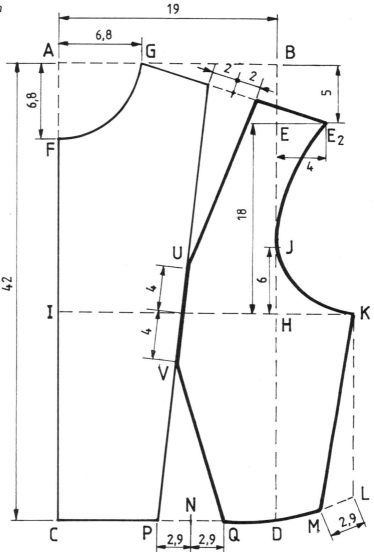

Figura 4. Trazado del patrón delantero corto entallado.

La línea de costado se traza a partir de K y paralela a la línea HD, pero con la misma medida que habíamos puesto en la espalda. Se señala este punto con la letra L y se cierra la línea de cintura con una curva suave, desde D hasta L.

Entalle del patrón delantero corto

Terminado el trazado del delantero recto, hay que entallarlo. Primero se calcula la diferencia que hay entre la línea de pecho IK y la cuarta parte de la vuelta de cintura. Serán pues 25,5 cm, menos 17 cm, total 8,5 cm. Estos centímetros se dividen en tres partes iguales, resultando 2,83 cm para cada parte, que redondearemos con medidas más exactas, poniendo 2,9. Como en el ejemplo anterior hay que dar doble entalle a la pinza que al costado.

Primeramente se entalla el costado, entrando 2,9 cm de L hacia D y señalamos el punto con la letra M. Después se traza una línea de K a M, que será la costura del costado. (Fig. 4).

Para dibujar la pinza de la cintura se calcula el centro de la línea CM, y se señala el punto con la letra N. A ambos lados de N se marcan 2,9 cm señalando estos puntos con las letras P y Q. Como observará usted, entre P y Q queda doble distancia que entre L y M; esto es debido a que la pinza tiene doble entalle.

En la línea del hombro se dibuja la pinza del hombro. Para ello se calcula el centro de la línea GE_2 y se señala el punto con la letra R. A ambos lados de R se ponen 2 cm y se señalan los puntos con las letras S y T.

En la figura 4, puede ver como la pinza queda con 4 cm de profundidad, que son los que dimos de anchura al hombro.

Después trace una línea desde S hasta P y en esta misma línea suba 4 cm desde la línea de pecho, señalando este punto con la letra U. Desde este punto, trace una línea hasta T y así queda terminada la pinza del hombro.

Para acabar de dibujar la pinza de la cintura, en la línea SP, se bajan 4 cm desde la línea de pecho, y se señala el punto con la letra V. Después se traza una línea desde V hasta Q y queda dibujada la pinza de la cintura.

Una vez terminado el patrón se perfila su contorno con lápiz de color, o con trazo más grueso, y se corta.

Patrón-tipo largo entallado

La parte superior del patrón largo entallado, es igual que el patrón corto de espalda y delantero que acabamos de estudiar.

Lo mismo que los anteriores, este patrón se compone de pieza central y costadillo.

Trazado del patrón de espalda largo entallado

Para dibujar este patrón de espalda empleamos las medidas siguientes:

Ancho de espalda	37 cm
Largo de talle espalda	42 cm
Largo de talle delantero	44 cm
Altura de hombro	37 cm
Contorno de cuello	36 cm
Sisa (la mitad de su vuelta)	18 cm
Contorno de pecho: 88 más 4	92 cm
Cintura	68 cm
Altura de cadera	18 cm
Largo total de espalda	100 cm
Largo total de delantero	102 cm

Empezará dibujando con la escuadra un ángulo recto, señalando su vértice con la letra A. Desde A a B, se pone la mitad del ancho de espalda, 18,5 cm. (Fig. 5).

Desde A a C se pone el largo del talle, 42 cm.

Desde C se traza una línea paralela a AB, y se marca el punto D. Después se une B con D.

La altura de hombro se pone desde D hasta E, en este ejemplo 37 cm.

La anchura de escote se pone desde A a G, 7 cm, o sea, la sexta parte del contorno de cuello, más 1 cm. Bajada 1 cm desde A a F.

La línea de sisa se marca desde E hasta H con la mitad de su vuelta, 18 cm. Después se marca el punto I en la línea AC, y con la misma medida BH. Desde I, hacia H, se pone la cuarta parte del contorno de pecho, y señalamos el punto K.

Desde H se marca la tercera parte de la línea de sisa con el punto J. Después se dibuja la curva de la sisa, desde E, pasando por J y terminando en K.

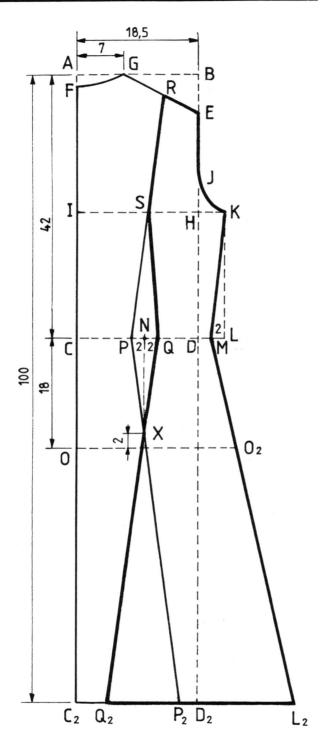

Figura 5. Trazado del patrón de espalda largo entallado.

Desde K se baja una línea paralela a HD y se marca el punto L.

Ahora hay que alargar la línea AC hasta C_2. Entre A y C_2 se pone el largo total de espalda 100 cm. La línea BD también se prolonga hasta D_2. La BD_2 medirá igual que la línea AC_2.

Desde C, hacia C_2, se marca el punto O con la medida de altura de cadera. Desde O, hacia la derecha, se traza la línea de cadera, que medirá la cuarta parte de su vuelta. En el extremo de esta línea ponga el punto O_2.

Entalle del patrón de espalda largo

Para calcular el entalle, se halla la diferencia entre la línea de pecho IK y la cuarta parte de la vuelta de cintura. El resultado será 6 cm, los cuales se entallan entre el costado y la costura del costadillo. Como recordará usted, damos siempre doble entalle a la costura del costadillo que al costado. Divida, pues, los 6 cm en tres partes, resultando cada parte 2 cm.

Desde L, hacia D, ponga 2 cm y señale el punto con la letra M.

Ahora trace la línea del costado, desde K hasta M y desde M, pasando por O_2 hasta L_2, que es el punto donde se corta esta línea con la prolongación de la línea del bajo.

Para dibujar la línea del costadillo, marque el centro de la distancia CM con el punto N. A ambos lados de este punto marcará 2 cm con las letras P y Q. Vea la figura 5.

Después marque el centro de la línea del hombro GE, con la letra R. Desde R trace una recta hasta P. En el cruce de esta línea con la de pecho se pone el punto S. Desde este punto baje una línea hasta Q.

Ahora dibuje una línea recta desde N, hasta la línea de cadera y a 2 cm de ésta señale el punto X.

Para terminar de dibujar la costura del costadillo se traza una línea desde P, pasando por X y terminando en la línea de bajo con la letra P_2. Desde Q se traza otra línea que pase por X y termine en la línea de bajo con la letra Q_2. Observe en la figura 5 el trazado.

Terminado el patrón, se calca la pieza del costadillo con papel, transparente, y, una vez calcada, se recorta la pieza central.

Trazado del patrón delantero largo entallado

Este delantero, figura 6, es el que corresponde a la espalda anterior pero con algunas pequeñas variaciones. Por tanto, empleará las mismas medidas, excepto la del largo de talle y el largo total.

Empezará dibujando el delantero recto con pinza en el hombro, pero de momento no se dibuja la pinza, únicamente marcará los 4 cm de aumento con el punto E_2.

De bajada de escote pondrá igual medida que de ancho, o sea, 7 cm.

La línea de pecho, IK, medirá dos centímetros más que en la espalda.

La línea de sisa la trazará desde E_2 hasta K, pasando por J.

Ahora prolongará usted las líneas AC y BD, con el largo total del delantero, en este ejemplo son 102 cm.

Desde C hasta O se marca la altura de cadera, 18 cm.

La línea de cadera, se pone desde O a O_2 con la cuarta parte de su vuelta.

Teniendo en cuenta que entre los largos de delantero y espalda existe un desnivel de dos centímetros, rectificará la línea de cintura subiendo estos centímetros desde L. También rectificaremos la línea de cadera, subiendo los mismos centímetros desde O_2.

Este procedimiento es más cómodo que el que hemos empleado en los primeros capítulos, porque, de esta forma, no necesitamos medir la línea KL en el patrón de espalda, para dibujar la línea de costado del delantero.

Entalle del patrón delantero largo

Para el entalle necesitamos hallar la diferencia que hay entre la línea de pecho y la cuarta parte de la vuelta de cintura. La diferencia que existe entre estas dos medidas son 8,5 cm como en el delantero corto, los cuales, los entallará usted entre el costado y la costura que une la pieza central con el costadillo, dando, a esta última, doble entalle.

Se dividen pues, los 8,5 cm en las tres partes iguales, resultando cada una de 2,83 cm que redondearemos, poniendo 2,9 cm.

Una de estas partes la entallará en el costado marcando desde L hacia D 2,9 cm, y señalemos el punto con la letra M.

A continuación se dibuja en la línea del hombro la pinza. Para ello se marca el centro de la línea GE_2 con el punto R, y, a ambos lados de este punto, se ponen 2 cm con los puntos S y T. Vea la figura 6.

En el centro de CM, se marca el punto N, señalando a ambos lados de este punto 2,9 cm, que es lo que corresponde de entalle. Al marcar los 2,9 cm a cada lado de N, se señalan los puntos P y Q.

Después se baja una línea recta desde N, que termine a 2 cm de la línea de cadera, señalando en su extremo el punto X.

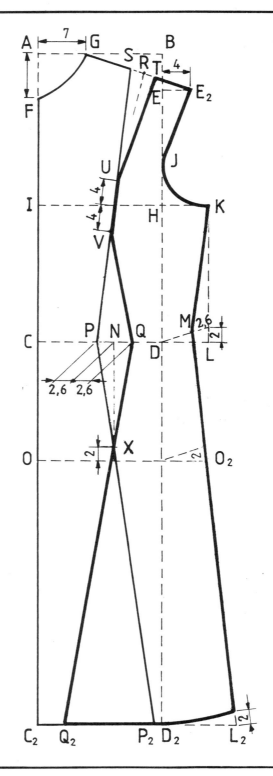

Figura 6. Trazado del patrón delantero largo entallado.

115

Trace ahora una línea desde S hasta P. En esta línea que acaba de trazar se marcan 4 cm desde la línea de pecho hacia arriba y hacia abajo, marcando el punto U en la parte superior y el punto V en la parte inferior. Después trace una recta desde T a U, y desde Q a V. (Fig. 6).

A continuación se prolongan estas líneas hasta el bajo. Desde P, pasando por X, y acabando en el punto P_2.

Desde Q trace otra línea recta pasando por X y terminando en el bajo en el punto que llamaremos Q_2.

Queda por dibujar la costura del costado que empieza en K, pasa por M y O_2, terminando en el bajo con la letra L_2. Este punto se pone a la altura de D_2, y después se suben los 2 cm de desnivel como hicimos en la línea de cintura y cadera.

La línea del bajo irá recta desde C_2 a D_2, y ligeramente curva desde D_2 hasta 2 cm más arriba de L_2.

Terminado el patrón, calcará el costadillo con papel transparente, recortando después la pieza central. En la figura 7 puede ver ambas piezas por separado.

Trazado del patrón de espalda largo entallado en el centro

El patrón de espalda de la figura 5, puede hacerse con costura en el centro si se desa.

En este caso, habrá que repartir el entalle entre la costura central, costado y costadillo, dando, como siempre, doble entalle a la costura del costadillo. (Fig. 8).

Se empieza trazando la espalda de la figura 5, y al hacer el entalle, se divide éste en cuatro partes iguales, en vez de dividirlo en tres.

Como recordará usted, en entalle lo calculábamos hallando la diferencia entre la línea de pecho IK y la cuarta parte de la vuelta de cintura, en este ejemplo son 6 cm. Se dividen pues en cuatro partes, resultando cada una con 1,5 cm (un centímetro y cinco milímetros).

Haga el entalle de la siguiente forma:

En el costado, desde L hacia dentro, se marca 1,5 cm con la letra M.

Desde C, hacia adentro, se pone la misma medida, 1,5 cm, marcando el punto M_2.

Después se señala el centro de la distancia MM_2, y se marca el punto N. A ambos lados de este punto se marca 1,5 cm con las letras P y Q, respectivamente. Como puede observar, entre P y Q queda doble

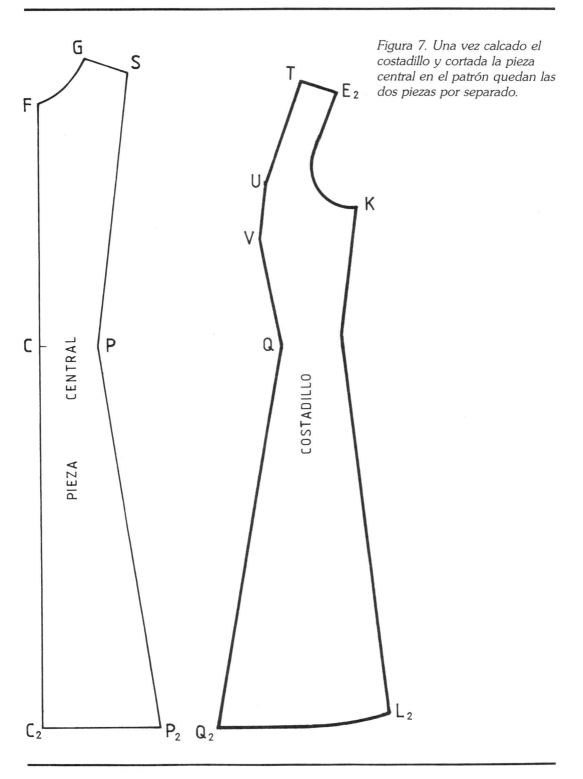

Figura 7. Una vez calcado el costadillo y cortada la pieza central en el patrón quedan las dos piezas por separado.

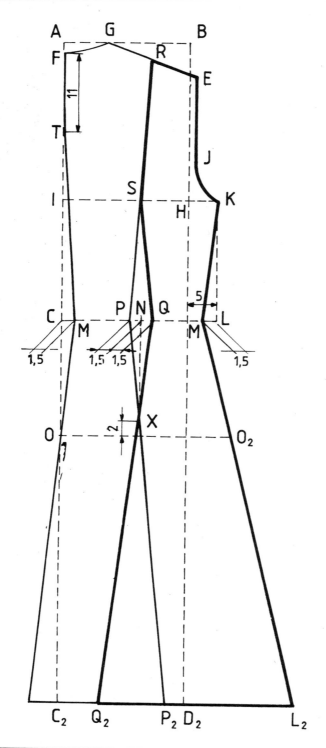

Figura 8. Patrón de espalda largo, entallado también en el centro.

medida que entre L y M, y CM_2. Es el doble entalle que damos al costadillo.

Ahora se señala el centro de la línea de hombro GE con el punto R. Este punto se une después con el punto P, y en el cruce de esta línea con la de pecho se señala un punto con la letra S. Después se traza una línea desde S hasta Q.

Para prolongar esta costura hasta el bajo, se traza una línea desde N, hacia abajo, terminado a 2 cm de la línea de cadera OO_2, y señalamos el punto con la letra X.

Después se traza una línea desde P, pasando por X y terminando en la línea del bajo, con un punto que llamaremos P_2.

Desde Q, trazamos otra línea que pasa por X y termina en la línea del bajo con la letra Q_2.

Para la costura del centro, bajará desde F 11 cm, y se señalará el punto con la letra T. Trace después una línea recta desde T hasta M_2, continuando dicha línea hasta donde se corte con la prolongación de la línea del bajo, pasando antes por O.

La línea del costado se traza desde K hasta M. Desde aquí, se continúa la línea, pasando por O_2 hasta la prolongación de la línea del bajo C_2D_2, y señalamos el punto con la letra L_2.

Terminado el patrón, se calca el costadillo con papel transparente y se recorta la pieza central.

Pantalón de señora amplio desde las caderas

Para realizar el patrón de este pantalón emplearemos las siguientes medidas:

Largo	100 cm
Cadera	88 cm
Cintura	72 cm
Entrepierna	76 cm
Tiro delantero	28 cm ⎫ 64
Tiro trasero	36 cm ⎭
Rodilla	54 cm
Bajo pata delantero	35 cm
Bajo pata trasero	37 cm

Trazado del patrón delantero

Con la ayuda de la escuadra trazamos un ángulo recto, cuyo vértice señalamos con la letra A. (Fig. 9).

Desde A, hacia abajo, se pone la medida de largo de pantalón y señala el punto con la letra C.

A partir de A, hacia la derecha, se pone la cuarta parte de la medida de cadera, que en este ejemplo son 22 cm. Después se traza desde C, una paralela a AB y con su misma medida, y señalamos el punto D. Unimos este punto con el B y nos queda formado el rectángulo ABCD.

Desde D, hacia arriba, pondremos la medida de entrepierna, y señalamos el punto con la letra H.

Desde H, hacia la derecha, pondremos la cuarta parte de AB, que en este ejemplo son 5,5 cm, y señalamos el punto con la letra G.

Después medimos la distancia que hay entre B y H y esta misma medida la ponemos desde A, hacia abajo, señalando este punto con la letra H_2.

Desde B, en dirección a A, meteremos 1 cm y lo marcaremos con la letra E. A partir de este punto y siguiendo en dirección A , pondremos la cuarta parte de la vuelta de cintura, señalando el punto con la letra A_2.

A partir de C, hacia la izquierda, pondremos 3 ó 4 cm (según lo ancho que se desee el pantalón) y marcaremos el punto con la letra N. Unimos después A_2 con H_2 mediante una curva suave y prolongamos esta línea hasta N, como se ve en la figura 9.

Desde N, hacia la derecha pondremos la medida del delantero de la pata, que en este ejemplo son 35 cm, y señalamos el punto con la letra F.

Después se unen los puntos F y G mediante una curva suave, con lo que quedará dibujada la línea de entrepierna. En este modelo, si se dibuja bien la medida de entrepierna el pantalón quedará con más aire. (Observar detenidamente el modelo en la figura 9.)

A partir de E y en dirección a G, se pone la medida de tiro delantero. Para ello aconsejamos poner la cinta métrica con el primer centímetro en el punto E, y en el punto G la medida que tengamos que poner, que en este caso son 28 cm. Formar con la cinta métrica una curva y marcarla ligeramente con el lápiz, terminando de dibujarla una vez retirada la cinta, procurando seguir la forma que tiene el dibujo del patrón de la figura 9.

En algunas ocasiones se dará el caso de que al efectuar la prueba se observa que sobra tiro. Para corregir esto, podemos subir 1 cm en la entrepierna y restar un centímetro a la medida que tenemos entre G y H.

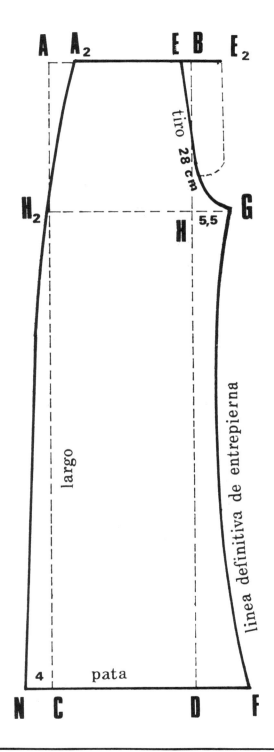

*Figura 9. Trazado del patrón
delantero del pantalón.*

Si por el contrario faltara tiro, se bajará la entrepierna 1 cm y se aumentará 1 cm en la medida GH. Pero si se toma bien la medida de entrepierna, rara vez falla la medida de tiro.

El tiro tiene que dar siempre la medida que se ha tomado, aunque tenga que aumentar o disminuir de entrepierna.

Por último, puede observar en el dibujo de la figura 9, que en el tiro del delantero se han dejado 3 ó 4 cm de E a E_2 para montar la cremallera.

Trazado del patrón de la trasera

Este patrón es muy parecido al que hemos hecho para el delantero.

Empezaremos trazando el rectángulo ABCD. En la línea AB pondremos la cuarta parte de la línea de cadera y en la línea AC el largo del pantalón. Desde C se traza una paralela a AB y con su misma medida y señalamos el punto con la letra D. Unimos los puntos D y B y queda formado el rectángulo. (Fig. 10).

Desde D, hacia arriba, pondremos la medida de entrepierna y señalamos el punto con la letra H.

De H, hacia la derecha, pondremos la mitad de AB, o sea la octava parte de cadera, que en el ejemplo que nos ocupa son 11 cm, y señalamos el punto con la letra G.

Desde B y en dirección a A, meteremos 3 ó 4 cm (3 cm para las medidas normales y 4 cm para las grandes), señalando el punto con la letra I. Los mismos centímetros que hemos metido los tenemos que subir desde I, y marcaremos este punto con la letra B_2.

A partir de B_2 y con dirección a A, pondremos la cuarta parte de cintura, que este caso coincide con el punto A.

Desde C, hacia la izquierda, pondremos 3 ó 4 cm (los mismos que habíamos puesto en el delantero hay que ponerlos en la trasera), y señalamos el punto con la letra N. Una los puntos A y N mediante una recta y se tendrá el costado definitivo.

A partir de N, hacia la derecha, pondremos la medida de la pata trasera, aumentada en 2 cm con respecto a la medida del delantero, es decir, 37 cm. En el punto donde termine esta medida marcaremos la letra F.

Después uniremos el punto B_2 con G, mediante una curva, que tiene que tener la medida de tiro, en este ejemplo son 36 cm. Este detalle ha de tenerse en cuenta porque es muy importante.

Lo mismo que en el delantero, debe comprobarse con la cinta métrica si da o no la medida de tiro. Si se ha hecho bien el patrón conforme

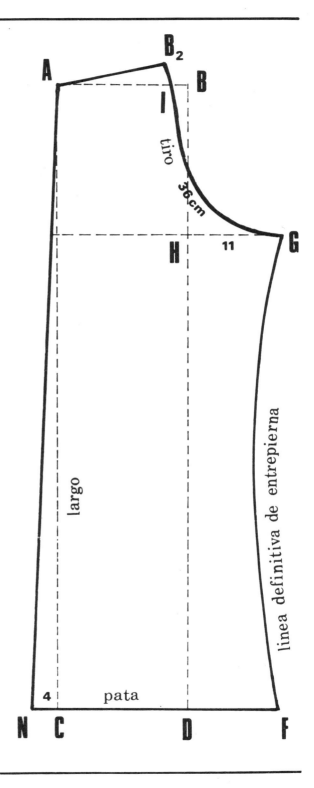

Figura 10. Trazado del patrón de la trasera del pantalón.

a la precedente explicación, esta medida deberá dar correctamente, pero si se ha fallado en alguna medida o en el trazado del dibujo, ya no nos darán los centímetros exactos y en este supuesto habrá que hacer lo mismo que en el delantero, es decir, subir o bajar la entrepierna 1 cm o 1,5 cm y aumentar o disminuir la medida que hay entre G y H.

Por último unir los puntos G y F mediante una curva suave, como se ve en la figura 10, pero nunca debo hacerlo con una recta.

6

Detalles
sobre la confección (I)

Para cualquier prenda que desee usted hacer, de nada le valdría haberla cortado con toda exactitud si después no une con perfección las piezas.

La confección es de tanta importancia como el corte para que un vestido o cualquier otra prenda quede acabada correctamente.

Por eso le aconsejamos estudie con mucho interés este capítulo, porque en él explicamos toda clase de costuras y remates.

Utensilios para la costura

Metro

Además de la regla, se necesita la cinta métrica que utilizamos para tomar las medidas, y cuando sea necesario, medir sobre la tela.

Cestito de labor

Es muy útil y práctico para guardar todos los utensilios de la costura. Cuando se sienta a coser, si lo tiene cerca, evitará mucha pérdida de tiempo buscando cada cosa en su sitio.

Alfileres

Los alfileres son de suma importancia para sujetar la tela y deben tener punta bien afilada, sobre todo, cuando se emplean en tejidos muy finos: gasa, seda, etc.

Agujas

Las agujas deben ser buenas, y no utilizar nunca agujas oxidadas. Las agujas de varios tamaños y grosores se clasifican por números. Las más gruesas son las del n.º 2, y las más finas del n.º 12.

Jaboncillo para marcar

El jaboncillo no debe faltar porque se necesita para marcar las líneas del patrón sobre la tela. Para evitar que marque demasiado gruesas las líneas, deben afilarse los bordes.

Figura 1. Mediante la ruleta se pueden marcar los patrones en la tela.

PATRON

TELA

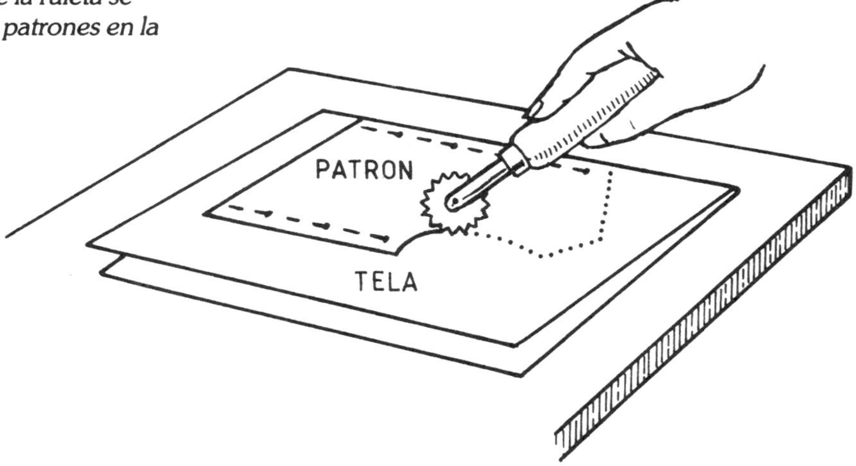

Tijeras

Es muy conveniente disponer de dos pares de tijeras bien afiladas. Unas deben ser pequeñas con puntas finas para cortar ojales y remates; las otras grandes, para el corte de patrones y de la tela.

Hilos

El hilo de hilvanar no debe faltar. Para coser, el hilo más corriente es el de carrete del n.° 50 y 40. Y para prendas muy finas suele usarse la seda. Para ojales se utiliza el de seda llamado torzal y el de bordar de madejas.

Dedal

El dedal es de suma importancia para coser a mano. Debe ser de poco peso, con punta rama y hoyitos profundos cubriendo toda la superficie.

Ruleta

Es una ruedecita con unos dientes pequeños que gira con facilidad, siendo muy útil para marcar los patrones en la tela, sobre todo en lencería, aunque también se puede prescindir de ella. Véala en la figura 1.

Figura 2. Tabla de planchar.

Máquina de coser

La máquina de coser es muy útil porque, además del tiempo que ahorra, el cosido de las costuras queda más fuerte y perfecto con pespunte de máquina que hecho a mano.

Con el fin de que no se canse, si ha de pasar varias horas cosiendo, le aconsejamos no utilice una silla baja. Debe sentarse en una silla alta, y la tela que vaya a coser colocarla encima de una mesa que tendrá delante. Así, además de coser con comodidad, evitará se arrugue demasiado la prenda, y sobre todo, que las costuras no den de sí, lo que ocurre con frecuencia cosiendo con la prenda sobre las rodillas.

El planchado de las prendas

Tabla de planchar

Se recomienda la tabla para el planchado de las prendas por ser muy práctica, sobre todo para las faldas.

Como puede apreciar por el dibujo de figura 2, es una tabla con uno de sus extremos de forma redondeada, y el largo que generalmente suele tener es de unos 80 cm. Se forra con una manta de algodón y después se cubre con un paño blanco.

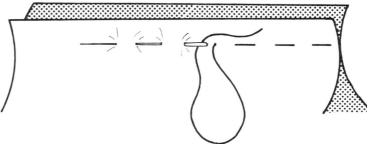

Figura 3. Forma de realizar un hilván corriente.

Manguero

También es de mucha utilidad para el planchado de las mangas. Es una tabla de la misma forma que la anterior, pero más pequeño.

El planchado de las prendas debe ser perfecto y esmerado. Una prenda mal planchada resulta muy deslucida aunque su corte y confección hayan resultado perfectos.

Los hilvanes

Para el cosido provisional de las prendas se emplean cinco clases de hilvanes. Unos se usan como guía en las costuras y otros para encarar dos telas, sujetar el forro de una prenda, etc.

Hilvan corriente

El hilván corriente se emplea para preparar dobladillo, pliegues, pinzas y costura. Con el fin de que resulten más iguales las puntadas se suelen coger de dos en dos. (Fig. 3).

Hilván flojo

A estos hilvanes se les llama también «marcas» porque se emplean para señalar la forma del patrón en dos telas a la vez. O sea, que, cuando se coloca doble, y después de dibujar con jaboncillo el contorno del patrón se va pasando un hilván flojo por todas las líneas marcadas. Como se ve en la figura 4, hay que dejar el hilo flojo cada dos puntadas.

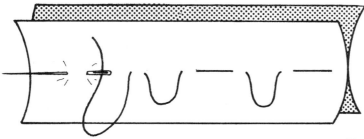

Figura 4. Hilván flojo para poder separar después las dos telas.

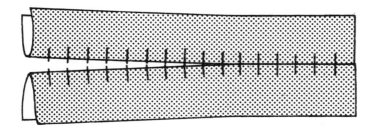

Figura 5. Una vez separadas las telas y con los hilos tirantes, se cortan por el centro, quedando así una guía para el cosido de la prenda.

Cuando hayamos terminado de pasar el hilván por todas las líneas, se separan las dos telas de manera que los hilos queden tirantes y se cortan por el centro, quedando así repartidos entre las dos telas. Estos nos servirán de guía para el cosido de la prenda, porque serán como las líneas de la costura (Fig. 5).

Hilván sastre

Este hilván se usa para sujetar los forros y las vistas de chaquetas y abrigos. También para unir provisionalmente dos telas que vayamos a coser juntas.

En la figura 6, está explicada la manera de hacer este hilván, se da una puntada larga por encima, y corta por abajo, resultando el hilván inclinado como se ve en el dibujo.

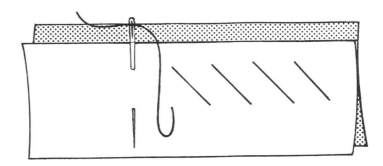

Figura 6. Este hilván no se realiza de forma horizontal, como los anteriores, sino que se clava la aguja en sentido vertical, siendo la puntada larga por encima y corta por debajo.

Hilván largo

Se emplea para señalar el centro de las piezas de cualquier prenda que se corte.

Como puede apreciarse en la figura 7, las puntadas son largas, y con un espacio corto entre cada una.

Hilván escondido

Este hilván se emplea para las telas con listas a cuadros. Se hace por el derecho para que nos sea fácil hacer que el dibujo case bien. Uno de los trozos que vaya a unir, se coloca sobre el otro con el borde doblado hacia adentro; las dos telas han de estar por el derecho (Fig. 8).

El hilván se hace cogiendo una puntada en la tela de abajo y otra en el doblez de la de arriba. De esta forma, aunque hilvane la prenda por el derecho, las puntadas quedarán invisibles por ese lado, y visibles por el revés.

Forma de encarar dos telas

Se colocan dos telas juntas de forma que queden mirando los derechos, o a la inversa (Fig. 9).

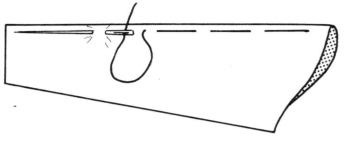

Figura 7. Hilván largo.

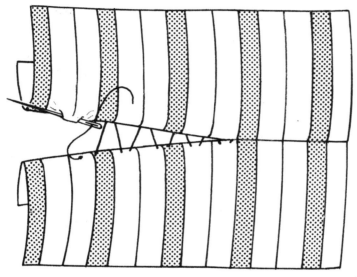

Figura 8. El hilván escondido se realiza por la parte derecha del tejido.

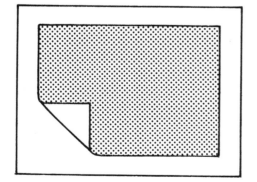
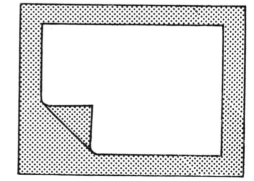

Figura 9. Forma de encarar dos telas, ya sea por el derecho o por el revés.

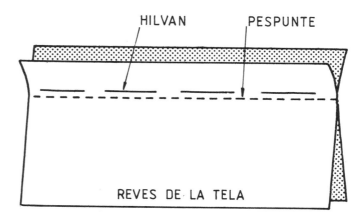

Figura 10. Costura sencilla.

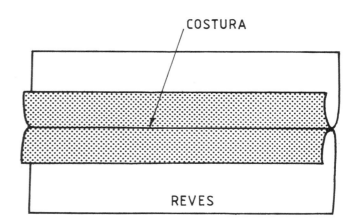

Figura 11. Las costuras se planchan por el revés y con la costura abierta.

Las costuras

Costura sencilla

Las dos piezas que vaya a coser las tiene que encarar, y después, pasar un hilván que le servirá de guía cuando haga la costura a máquina o a mano (Fig. 10).

Después de cosida, se quita el hilván y se plancha por el revés con la costura abierta (Fig. 11).

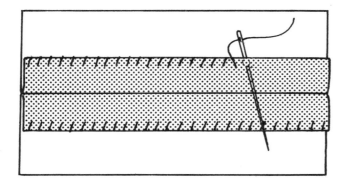

Figura 12. Los bordes de las costuras se rematan con un sobrehilado.

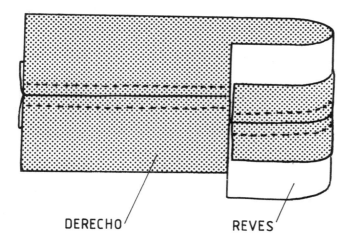

DERECHO   REVES

Figura 13. Costura de adorno.

Sobrehilado

Después de planchada la costura anteriormente explicada, se deben rematar los bordes para evitar que se deshilen. Este remate se hace con puntadas cortas y separadas y se realiza de izquierda a derecha (Fig. 12).

A la costura sencilla después de abierta y planchada, suele pasarse a veces un pespunte a cada lado, por la parte derecha de la tela. Al mismo tiempo que sirve de adorno, queda mejor rematada la costura. (Fig. 13).

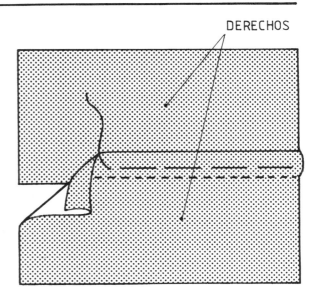

DERECHOS

Figura 14. Costura de pestaña. Observe que el pespunte va cerca del borde de la tela inferior y de la superior.

Costura de pestaña

Se colocan dos telas con el lado derecho hacia arriba, como hizo con el hilván escondido, de forma que una tela monte sobre la otra, con el borde doblado hacia adentro. Después se pasa un hilván corriente y se hace el pespunte a máquina cerca de los bordes, para que queda formada la pestaña (Fig. 14).

Costura cargada

Se hace una costura sencilla y después se corta uno de sus bordes, dejándolo más estrecho que el otro. A continuación se plancha hacia un lado, de forma que el borde más estrecho quede debajo del otro. Por último se pasa un pespunte por el lado derecho cogiendo los bordes de las dos telas (Fig. 15).

Esta costura se emplea en lencería, pero cosida a mano, con un punto escondido muy menudo. También se puede coser a vainica si se desea; para esto habría que dejar un dobladillo muy fino, doblando el borde más ancho hacia adentro.

Costura francesa

Se colocan las dos telas encaradas por el revés y después se pasa un pespunte por el lado derecho cerca de los bordes. A continuación se vuelven las dos telas, encarando los derechos de ambas y se vuelve a pasar un segundo pespunte por el revés, cerca del borde que forma la primera costura (Fig. 16).

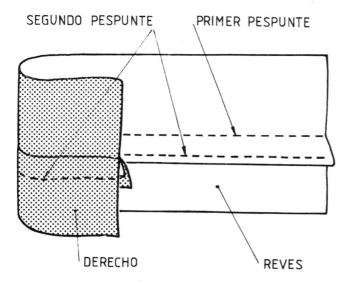

SEGUNDO PESPUNTE   PRIMER PESPUNTE

DERECHO   REVES

Figura 15. En la costura cargada el primer pespunte se hace por el revés de la tela y el segundo por el lado derecho.

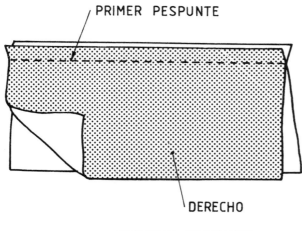

PRIMER PESPUNTE

DERECHO

Figura 16. Proceso a seguir en la realización de una costura francesa.

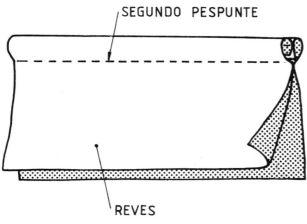

SEGUNDO PESPUNTE

REVES

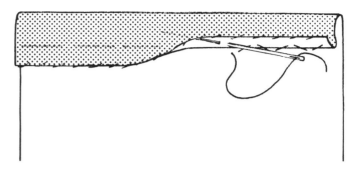

Figura 17. Dobladillo escondido para rematar los bajos de las prendas.

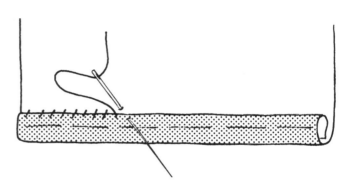

Figura 18. Dobladillo corriente, muy indicado para el remate de prendas de lencería o en detalles de adorno de vestidos.

Los dobladillos

Dobladillo escondido

Este dobladillo es el que se utiliza para rematar los bajos de las prendas.

Una vez bien recortado el borde del bajo se sobrehila. Después se hace el doblez de la medida necesaria y se hilvana. A continuación se procede a coserlo, con punto escondido, levantando un poquito la tela del dobladillo, y procurando coger muy poca tela para que no se noten las puntadas por el lado derecho (Fig. 17).

Dobladillo corriente

Se hace un doblez en el borde de la tela muy estrechito y después se vuelve a doblar otra vez con un dobladillo estrecho. Una vez prepara-

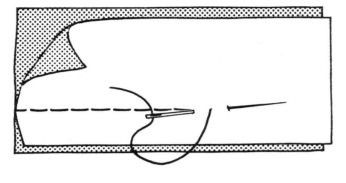

Figura 19. El pespunte es el punto más usado para toda clase de costuras.

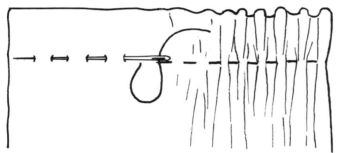

Figura 20. El punto de bastilla ha de llevar las puntadas pequeñas y lo más iguales posibles.

do se hilvana y se cose a punto de lado, cogiendo solamente un hilo en tela y una puntada pequeña en el dobladillo (Fig. 18).

Se realiza este dobladillo en remates de pañuelos, lencería o en detalles de adornos de vestidos, como volantes, etc.

Pespunte

El punto más usado para toda clase de costuras. Corrientemente se hace a máquina, porque resulta más perfecto y además se hace más rápido. Si se hace a mano, deben ser puntadas muy iguales y pequeñas. Se hace de derecha a izquierda y después de cada puntada se vuelve a clavar la aguja en el agujero anterior, sacándola un espacio más adelante (Fig. 19).

Punto de bastilla

Este punto se emplea para frunces de volantes o pinzas pequeñas en las prendas de lencería. La aguja debe ir cogiendo varias puntadas a la vez, pequeñas y muy iguales, como puede apreciar en la figura 20.

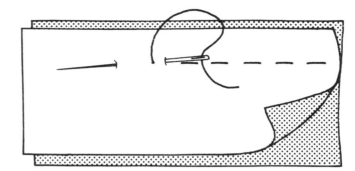

Figura 21. El punto atrás es muy similar al pespunte.

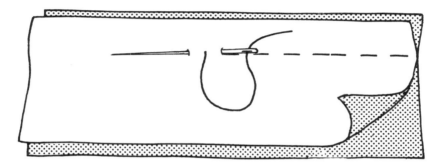

Figura 22. Punto de bastilla reforzada.

Punto atrás

Es parecido el punto de pespunte, con la diferencia de que la aguja en vez de clavarla en el último agujero, se clava un poco más adelante; así resultan las puntadas más largas por debajo que por encima (Fig. 21).

Bastilla reforzada

Este punto es muy similar al punto de bastilla, con la diferencia de que cada tres puntadas se da una hacia atrás, como puede verse en la figura 22.

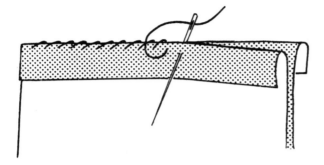

Figura 23. El punto por encima, se utiliza para unir dos telas mediante puntadas muy similares a las del sobrehilado.

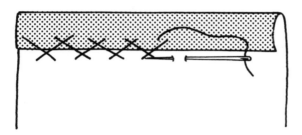

Figura 24. Punto escapulario.

Punto por encima

Este punto se emplea para pegar adornos y unir dos telas por sus bordes. Se encaran las telas por el derecho con los bordes doblados hacia afuera. Si la unión se hace por la parte del orillo de la tela, no es necesario hacerle doblez. La aguja se clava por detrás y se saca por delante, dando siempre las puntadas de izquierda a derecha. (Fig. 23).

Punto escapulario

Este punto se emplea para el cosido de dobladillos, sobre todo en abrigos y vestidos de lana. Cuando los géneros son gruesos, no debe hacerse doblez a los bordes del dobladillo, porque abultaría mucho y resultaría muy basto. En este caso, se usa el punto escapulario para evitar que los bordes se deshilen.

Se realiza cogiendo alternativamente una puntada muy pequeña en la parte superior del dobladillo y otra en la tela, quedando siempre la aguja con la punta hacia la izquierda (Fig. 24).

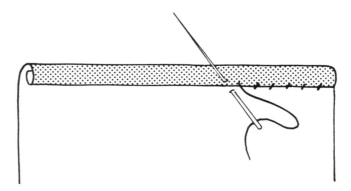

Figura 25. El punto de lado se aplica principalmente en dobladillos.

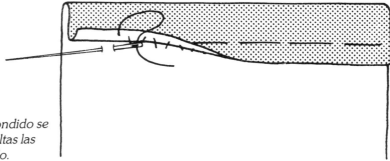

Figura 26. El punto escondido se llama así por quedar ocultas las puntadas por el dobladillo.

Punto de lado

Se hace un doblez por el borde de la tela y se coge una puntada en la tela y otra en el borde del doblez. La aguja va de derecha a izquierda dando las puntadas pequeñas (Fig. 25).

Punto escondido

Este punto se realiza igual que el punto de lado, pero con la diferencia que este dobladillo no lleva doblez en el borde de la tela y se cose levantando un poquito la tela del dobladillo para que las puntadas no se vean (Fig. 26).

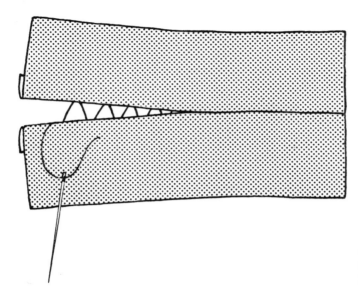

Figura 27. El punto invisible se realiza por la parte derecha de la tela y se utiliza para unir dos telas.

Punto invisible o perdido

Es muy parecido al anterior, pero se emplea para unir dos telas por la parte derecha sin que se vean las puntadas. Es necesario doblar los bordes que se vayan a unir. Después se van cogiendo, por el borde del doblar, unas puntadas pequeñas y juntas, una en cada lado del doblez, tirando del hilo cada tres o cuatro puntadas (Fig. 27).

Punto de unión

Se emplea también este punto para unir dos telas, sin que monten una encima de la otra.

Se diferencia del punto invisible en que las puntadas se cogen por encima del borde del doblez. Se clava la aguja por debajo y se saca por encima, una vez en cada doblez (Fig. 28).

Punto picado

Este punto es muy empleado en las prendas de estilo sastre, porque se usa para sujetar las entretelas de las solapas y cuellos, sobre todo en las prendas de caballero. Este punto cede con facilidad sin romperse.

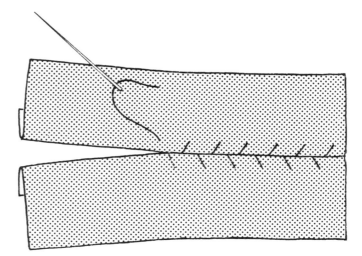

Figura 28. El punto de unión también se realiza por la parte derecha de la tela.

Se hace de arriba a abajo y de abajo a arriba, cogiendo una puntada larga en sentido diagonal sobre la entretela, y otra más corta, cogiendo la tela de abajo. Las puntadas deben quedar poco apretadas, o sea, estirar poco el hilo. Observe la forma de realizarlo en la figura 29.

Punto de ojal

Se emplea este punto para hacer ojales. Se realiza por el lado derecho de la tela y de derecha a izquierda. Se clava la aguja por debajo del borde del ojal y se saca por encima. Después se pasa la hebra de hilo por debajo de la punta de la aguja y se tira de ésta hacia afuera, estirando bien el hilo para que quede formado un nudo apretado en el borde del ojal (Fig. 30).

Las puntadas deben ser pequeñas y apretadas para que se forme un cordoncillo en el borde y así evitar que se deshile el ojal al abrochar el botón. Es conveniente, antes de hacer el punto de ojal, pasar un sobrehilado por todo el borde con puntadas pequeñas.

Explicación sobre el remate de las prendas

Por si desconoce usted, cuál es el bies, hilo y contrahilo de las telas, se lo vamos a explicar, ya que esto es de mucho interés en el corte.

Figura 29. Punto picado.

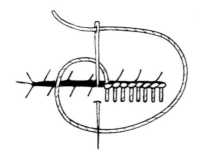

Figura 30. Forma de realizar el
punto de ojal.

Las telas vienen de fábrica rematadas por los bordes, y a este remate se le llama orillo.

Cuando quiera saber cuál es el hilo de un género, basta con seguir
la dirección de los orillos.

La distancia que hay entre los orillos se llama contrahilo.

El bies es lo que va en sentido diagonal al hilo de la tela tal como se
indica en la figura 31.

*Figura 31. El bies va en sentido
diagonal al hilo del tejido.*

BIES

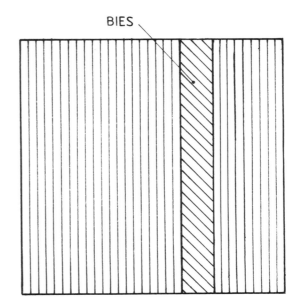

*Figura 32. Sobre la tela, se
trazan líneas paralelas y en
sentido diagonal al hilo del tejido,
para obtener las tiras al bies.*

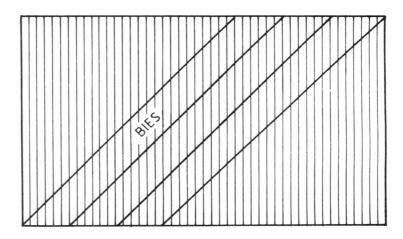

BIES

Para cortar varias tiras que vayan al bies, tiene que cortarlas en sentido diagonal al hilo del tejido y paralelas unas a otras. (Fig. 32).

Cuando se necesitan tiras de bies largas, y con el ancho de la tela no tenemos suficiente para cortarlas del largo deseado, entonces tendremos que unir dos tiras, y en algunos casos tres o más. Para que la unión resulte perfecta, basta colocar las tiras con los derechos encarados, como puede apreciarse en la figura 33.

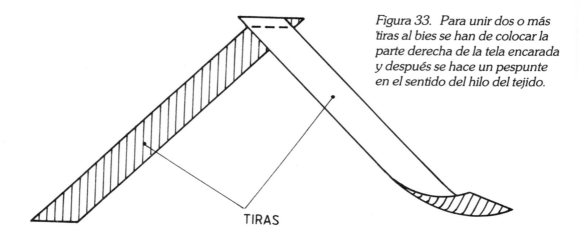

Figura 33. Para unir dos o más tiras al bies se han de colocar la parte derecha de la tela encarada y después se hace un pespunte en el sentido del hilo del tejido.

TIRAS

Después se pasa un pespunte cerca de los bordes en sentido al hilo; una vez cosida la costura se abre y se plancha.

Ribete de bies

Hay prendas en las que se rematan sus bordes con un ribete de bies. Para esto se prepara una tira de bies del largo que vayamos a necesitar y se coloca encima de la tela, coincidiendo el borde de ésta, con uno de los bordes del bies.

El lado derecho de la tela y el de la tira deben estar encarados, es decir, derecho con derecho juntos. Para sujetarlas se les pasa un hilván y después se cosen con un pespunte cerca del borde (Fig. 34).

A continuación se gira el bies hacia arriba y se pasa un hilván por encima de la costura, es decir por la parte derecha del bies. (Fig. 35).

Después se dobla un poquito el borde de la tira al bies, hacia adentro, y se hilvana por el revés de la tela, justo al borde del pespunte.

Por último se cose el borde del ribete con un punto de lado (Fig. 36).

Ribete de bies doble

El proceso a seguir para colocar este ribete es parecido al anterior, pero la tira de bies es de mayor anchura y se coloca doblada por su centro, de forma que el ribete quede doble.

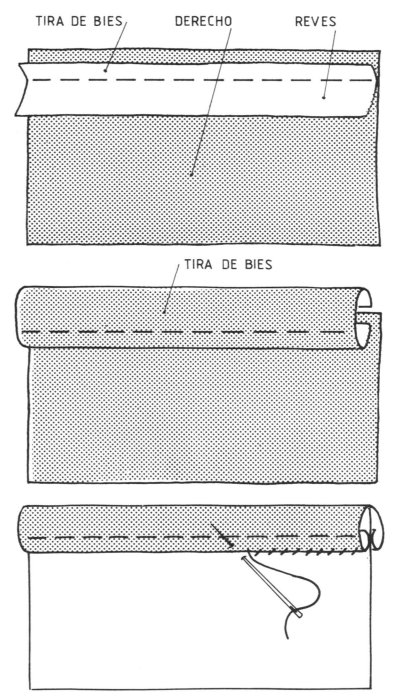

TIRA DE BIES DERECHO REVES

TIRA DE BIES

Figuras 34 a 36. Proceso a seguir
para realizar un ribete al bies.

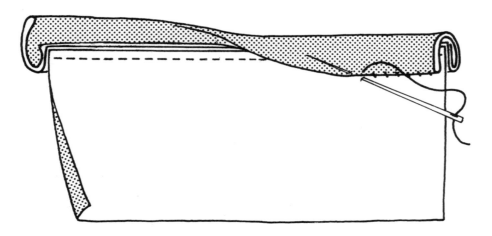

Figura 37. Ribete de bies doble.

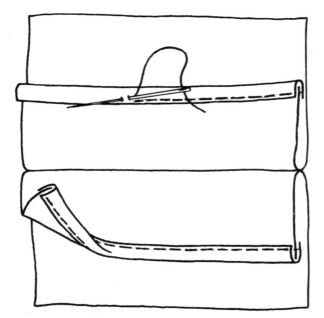

Figura 38. Remate de costuras con galón.

Al coser el ribete por el revés de la tela no es necesario doblar el borde, puesto que dicho borde coincide con el que en un principio se hizo a la tira de bies al doblarla por su centro (Fig. 37).

Ribete con galón

Para el remate de costuras interiores, en géneros que se deshilan mucho, está indicado el uso del galón o cinta de seda.

Se coloca el galón por el derecho de la tela y se hilvana por la mitad de su anchura. Después se dobla la otra mitad por el revés de la tela y se vuelve a hilvanar, o se pasa directamente un pespunte que coja al mismo tiempo la parte de abajo con la de arriba (Fig. 38).

Punto de adorno

Este punto, que se llama «mosca», es empleado en los finales de abertura de muchas prendas, y también para adornar los pliegues encontrados, sirviendo al mismo tiempo para sujetar los bordes de dichos pliegues. Para su confección se utiliza el hilo llamado torzal.

Se empieza realizando un triángulo que nos servirá de guía. (Fig. 39). A cada uno de sus vértices lo señalamos con una letra, A, B y C, para indicarle el proceso a seguir en la realización del punto.

Se coge una puntada en el vértice A, figura 40, y se pasa al vértice B (Fig. 41). Desde B, se clava la aguja en C y se saca por A (Fig. 42).

Después vuelve a repetirse el mismo proceso, desde A, se vuelve a coger otra puntada en B y después en C, figura 43, y así sucesivamente hasta rellenar el triángulo (Fig. 44).

Figuras 39 a 44. Distintos pasos a seguir para realizar el punto de adorno

39

40

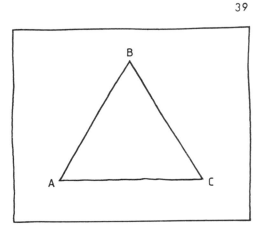

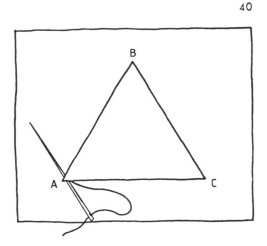

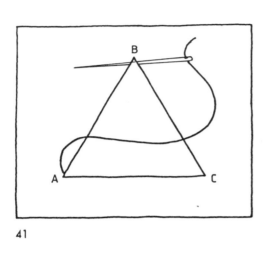

41

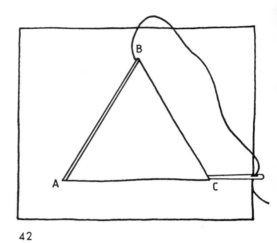

42

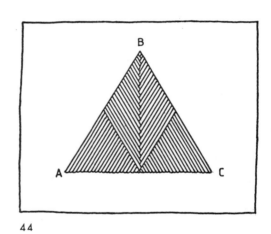

43

44

7

Detalles
sobre la confección (II)

Los ojales

Los ojales son de mucha importancia para la presentación correcta de las prendas. Por eso, le aconsejamos se esmere en hacerlos, procurando que queden con la mayor perfección.

Se hacen generalmente cerca del borde de las prendas, y éstos pueden ser de hilo o de tela. Los de hilo se emplean en prendas de estilo sastre o sport. Los de tela, en prendas de estilo fantasía.

Antes de cortar la abertura del ojal, hay que medir bien en la tela con la cinta métrica la distancia que debe haber entre unos y otros. Como señal provisional para saber dónde hay que abrir el ojal, se puede poner un alfiler, y después de medidas todas las distancias, se pasa un pequeño hilván en las marcas quitando los alfileres. (Fig. 1).

Para hacer la abertura del ojal, se mide el ancho del botón que vayamos a colocar y esa misma medida se pone a la abertura de largo. Es conviente señalar esta medida con el jaboncillo de marcar antes de cortarla.

También hay que medir la distancia que haya dejado entre la esquina exterior del ojal y del borde de la tela, colocando la misma medida en los demás ojales que vaya cortando en la prenda.

Hay un procedimiento para que todos queden con exactitud a la misma distancia del borde, y es el siguiente:

A la distancia del borde que hayamos determinado donde irán los ojales, se traza una línea con jaboncillo por la parte interior de la prenda. Esta línea auxiliar sirve de guía para cortar los ojales, porque se hará la abertura del mismo, midiendo desde la línea hacia adentro.

Los ojales, en las prendas de señora van en el lado derecho de la prenda, salvo que el modelo indique lo contrario. En las prendas de caballero van en el lado izquierdo.

Ojal de hilo

Los ojales se hacen siempre sobre dos telas; y si lo hacemos en una prenda que lleve vista, ésta nos servirá de refuerzo. Estos ojales se realizan por el derecho de la prenda.

Después de marcar donde tenemos que hacer la abertura para el ojal, siguiendo para ello las instrucciones anteriores, hará lo siguiente:

Cogiendo las dos telas juntas, se pasa un hilván alrededor de la marca de la abertura del ojal. (Fig. 2).

Después se corta el ojal siguiendo la marca hecha en un principio y se sobrehilan los bordes. (Fig. 3).

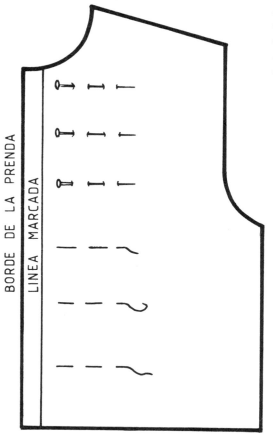

Figura 1. Los ojales han de distribuirse de acuerdo con el espacio que disponemos, señalando cada uno con un alfiler.

BORDE DE LA PRENDA

LINEA MARCADA

Figuras 2 a 7. Proceso a seguir en la realización de un ojal de hilo.

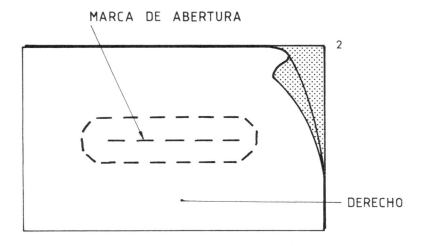

MARCA DE ABERTURA

2

DERECHO

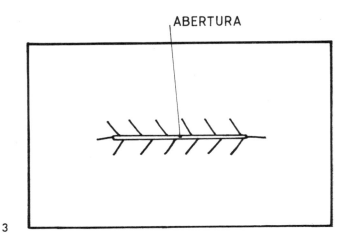

ABERTURA

3

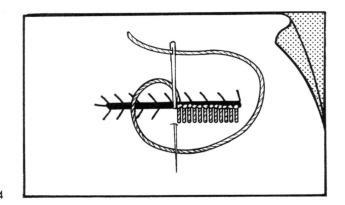

4

Con el punto de ojal, explicado en el capítulo anterior, se bordea la abertura, empezando por la esquina interior. (Fig. 4).

La esquina exterior la pasará en redondo, como indica la figura 5, y al llegar a la esquina inferior, se dan dos o tres puntadas, sujetando los dos bordes. (Fig. 5).

Estas últimas puntadas hay que remetarlas, cogiendo la tela con pequeñas puntadas hasta que quede cerrado el borde con una presilla. (Fig. 6).

Si se desea, puede rematarse con una presilla en cada extremo, como se ve en la figura 7. En este caso no le dará forma redondeada a la esquina exterior.

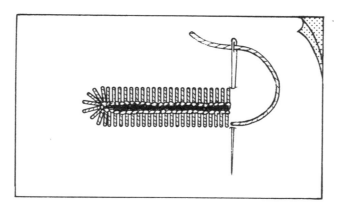

5

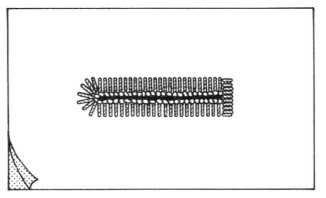

6

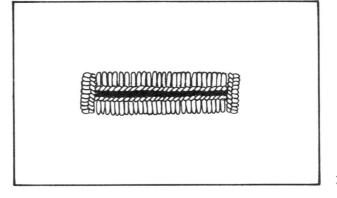

7

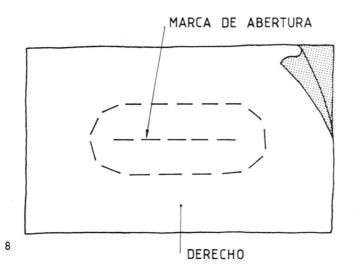

MARCA DE ABERTURA

DERECHO

8

Figuras 8 a 11. El ojal de sastre se diferencia del ojal de hilo en que lleva un cordoncillo en el borde como refuerzo. Los pasos a seguir son similares al ojal de hilo.

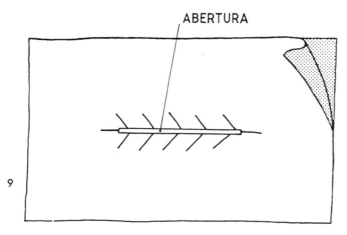

ABERTURA

9

Ojal para prendas estilo sastre

Este ojal es muy parecido al anterior, con la diferencia de que a éste se le pone un refuerzo, por el borde, de un cordoncillo, llamado agremán o hilo encerado.

Una vez marcado el tamaño del ojal y habiendo pasado un hilván alrededor de la señal, se hace un agujero con la ayuda de un punzón en la esquina exterior. (Fig. 8).

Siguiendo la marca central se hace la abertura, sobrehilando después sus bordes, el agujero hecho con el punzón. (Fig. 9).

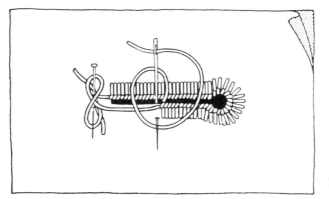

10

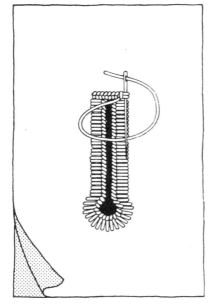

11

Después se empieza a bordear la abertura con el punto de ojal que ya conoce, empezando por la esquina interior y dejando tapado el cordoncillo. Para más facilidad al hacerlo, debe mantenerse tirante el cordoncillo, sujetándolo con un alfiler. (Fig. 10).

Después, la esquina interior se remata con una presilla, quedando terminado el ojal de sastre. (Fig. 11).

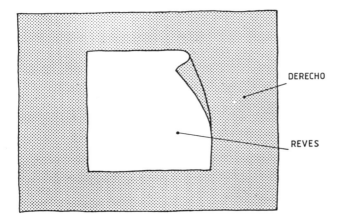

Figura 12. El trozo de tela se coloca encarado con el derecho de la prenda.

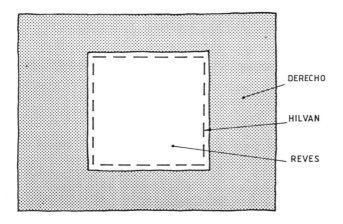

Figura 13. Se pasa un hilván alrededor del trozo de tela para sujetarlo a la prenda.

Ojal ribeteado de tela

De la misma tela de la prenda, se corta un trocito que tenga 2 cm más de la medida del ojal a confeccionar y unos 5 cm más de ancho.

Después se coloca este trocito de tela sobre la prenda en el lugar que se vaya a hacer el ojal, de forma que las dos telas queden encaradas por el lado derecho, como puede ver en la figura 12.

A continuación se sujetan las dos telas con un hilván para que no se muevan, tal como puede ver en la figura 13.

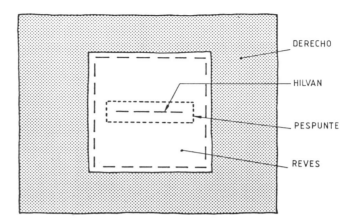

DERECHO
HILVAN
PESPUNTE
REVES

Figura 14. Para señalar el ojal se pasa un hilván.

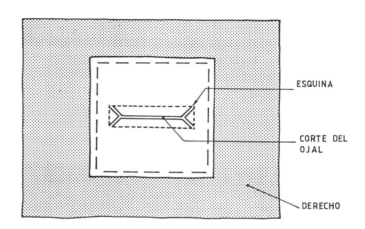

ESQUINA
CORTE DEL OJAL
DERECHO

Figura 15. Corte del ojal.

Antes de hacer la abertura definitiva, para saber el largo que tiene que tener el ojal, puede probar en otro trozo de tela distinto y tratar de abrochar el botón que vayamos a colocar en la prenda, con el fin de que nos quede la abertura justa, sin que resulte demasiado grande, ni demasiado pequeña. En este caso costaría trabajo pasar el botón y acabaría por romperse el ojal.

Después de colocado el trozo de tela sobre la prenda, se marca con un hilván el lugar por donde ha de hacerse la abertura del ojal, y a continuación se pasa un pespunte a unos 3 mm de la marca. (Fig. 14).

A continuación se corta el ojal, siguiendo la marca del hilván, sin que el corte llegue a las esquinas, éstas las cortaremos formando ángulo, como puede ver en la figura 15.

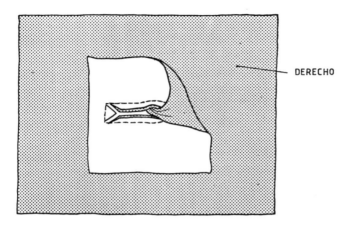

Figura 16. El trozo de tela se introduce por el corte del ojal.

DERECHO

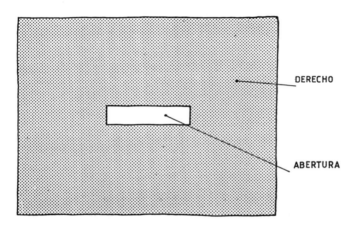

DERECHO

ABERTURA

Figura 17. Forma de verse la abertura del ojal por la parte derecha de la prenda, una vez introducida la tela.

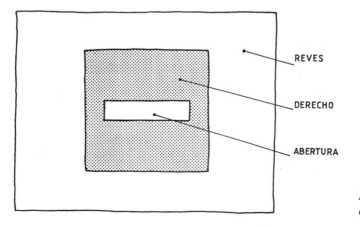

REVES

DERECHO

ABERTURA

Figura 18. Vista de la abertura del ojal por el revés de la prenda.

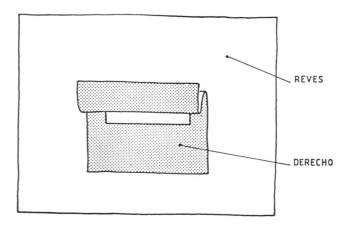

Figura 19. Pliegue de la parte superior del trozo de tela.

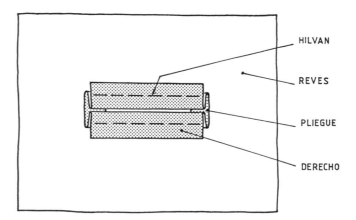

Figura 20. Realizado el pliegue inferior queda la abertura cubierta.

Seguidamente se saca el hilván que hicimos para sujetar el trozo de tela a la prenda, con el fin de que podamos irla introduciendo por el corte que hemos hecho para la abertura del ojal.

En la figura 16 vemos cómo se introduce la tela por el corte, para sacarla totalmente por el revés de la prenda, y quedar oculta, como puede ver en la figura 17. Si en este momento volvemos la prenda por el revés, tendremos el ojal como se nos presenta en la figura 18.

Teniendo la tela como nos muestra la figura 18, hacemos un pliegüecito con la parte superior del trozo de tela, de modo que quede cubierta la mitad de la abertura. (Fig. 19). Después hacemos otro pliegüecito con la parte inferior de la tela, de modo que se toque con el anterior, quedando así cubierta la abertura. (Fig. 20). Para que los pliegues que hemos hecho no se muevan, se pasa un hilván, como se muestra en la figura 20.

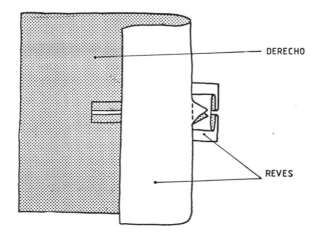

DERECHO

REVES

Figura 21. Para sujetar los pliegues se cosen los dos triangulitos que nos habían quedado al cortar el ojal.

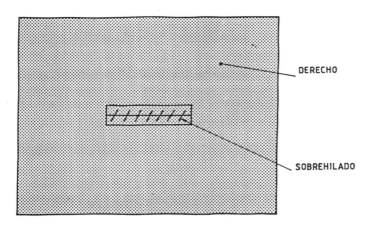

DERECHO

SOBREHILADO

Figura 22. Por los bordes de la abertura del ojal se pasa un sobrehilado.

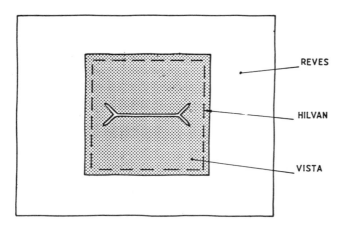

REVES

HILVAN

VISTA

Figura 23. La vista se coloca sobre el revés del ojal, de forma que coincidan las dos aberturas.

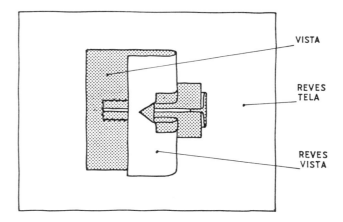

VISTA

REVES
TELA

REVES
VISTA

*Figura 24. Los bordes del doblez
de la abertura de la vista se cosen
al ojal con un punto de lado.*

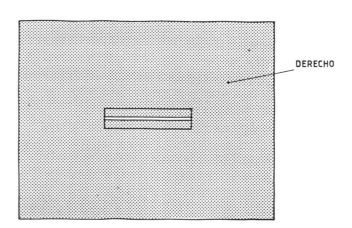

DERECHO

*Figura 25. Ojal terminado, visto
por el derecho de la prenda.*

Ponemos de nuevo la prenda por el lado derecho y con el fin de que los dos pliegues queden sujetos, se cosen los dos triangulitos, que han quedado en los extremos del ojal, con un pespunte, como se ve en la figura 21.

Por el lado derecho del ojal, pasaremos un sobrehilado provisional por los bordes de la abertura. (Fig. 22). Este sobrehilado se ha de sacar una vez esté acabada la prenda.

Después se plancha el ojal por el revés, y para que quede bien acabado por este lado, se coloca una vista, es decir, un trozo de la misma tela, que cubrirá el ojal.

En la vista se hace una abertura con igual medida y forma que la realizada en la figura 15. A continuación se encara la vista con el revés del ojal, de forma que coincidan las dos aberturas, y se pasa un hilván para que la tela no se mueva. (Fig. 23).

Después se doblan hacia dentro los bordes de la abertura de la vista, justo por donde llega el corte de las esquinas, y se cosen al ojal, con un punto de lado muy menudo. (Fig. 24). Una vez terminado el cosido, queda rematado el ojal por el revés.

En la figura 25 puede ver el ojal por el lado derecho, después de terminado todo el proceso de realización.

Botones

Antes de coser los botones, se debe marcar en la prenda el lugar donde han de colocarse, debiendo haber entre sí la misma distancia que en los ojales.

Hay que tener en cuenta que los botones no se deben coser sobre una sola tela. Y para que al abrocharlos hagan buen asiento, se coserán de la siguiente forma:

Sobre el botón se coloca un alfiler, y al coserlo se va pasando el hilo por encima, tal como la indica la figura 26.

Después se quita el alfiler y queda flojo el hilo por debajo del botón. A continuación se enrolla la hebra hasta formar una especie de cuello y se remata con un par de puntadas en la tela. (Fig. 26).

Cuando el botón sólo sirve de adorno en la prenda, no se le forma ese cuello, pero se debe coser primorosamente, cuidando de no encoger la tela.

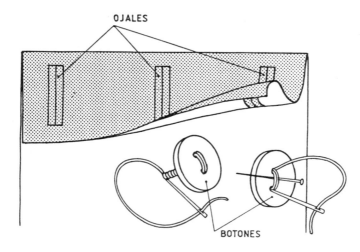

OJALES

BOTONES

Figura 26. Forma de coser un botón.

Abertura de las faldas

Todas las faldas llevan una abertura bien sea en el centro de la falda o en el lado izquierdo del costado, con el fin de que no haya dificultad al ponérsela y quitársela. Esta abertura puede llevar una cremallera, o simplemente broches automáticos.

Forma de colocar la cremallera

En la costura donde se haya de colocar la cremallera se deja sin coser un trozo de unos doce centímetros, desde la cintura hacia abajo. Se planchan los bordes doblados hacia adentro, coincidiendo el doblez con las línea marcadas con hilos flojos, y se cosen con un punto de lado

Figura 27. Los dos bordes del doblez de la abertura tienen que coincidir con el centro de la cremallera, para que ésta quede disimulada.

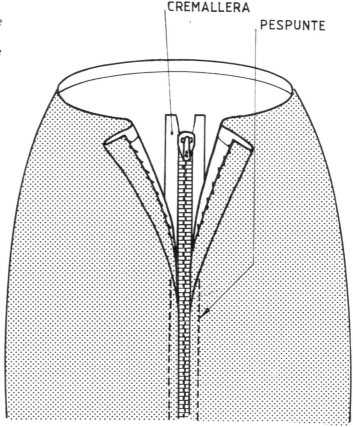

CREMALLERA

PESPUNTE

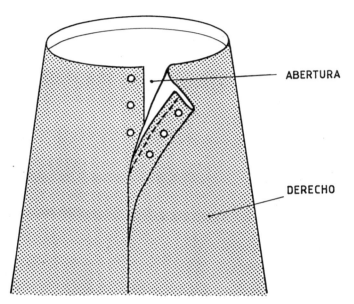

ABERTURA

DERECHO

Figura 28. Cuando la abertura de la falda lleva broches automáticos, uno de los bordes monta sobre el otro.

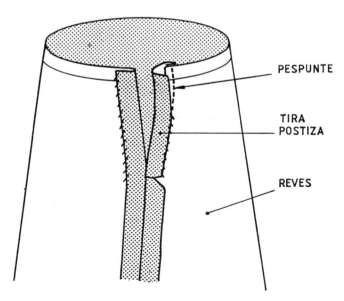

PESPUNTE

TIRA POSTIZA

REVES

Figura 29. La tira postiza se ha de coser a la falda con un pespunte y después se rematan los bordes con un punto de lado, por el revés.

por el revés. Los dos bordes del doblez de la abertura, tienen que coincidir con el centro de la cremallera, al colocar ésta.

Después se pasa un hilván, por todo alrededor, a medio centímetro de la cremallera, y cogiendo su tela con la falda. A continuación se cose con un pespunte siguiendo el hilván, quedando los dobleces de la abertura formando pestaña. (Fig. 27).

Cuando las faldas no son ceñidas, también se le suele poner a la abertura unos broches automáticos. Para ello montaremos un borde sobre el otro, como puede ver en la figura 28.

Ocurre con frecuencia que el margen de costura es estrecho; en este caso es necesario colocar una tira postiza, llamada «pata».

Esta tira se corta al hilo, siendo un centímetro más larga que la abertura de la falda. La tira de la parte que monta debe ser más estrecha que la de abajo.

Para unir la tira a la falda, se coloca el borde de la tira con el borde de la abertura de la falda, con los derechos superpuestos, y se hace un pespunte. Después se remata la tira por el revés de la falda con un punto de lado. (Fig. 29).

Cinturilla

La cinturilla se emplea para que las faldas queden sujetas al talle. Es una tira dura y tiesa, que seguramente usted debe conocer por lo mucho que se emplea. La manera de colocarla en la falda es muy sencilla.

Se corta con la medida exacta de la vuelta de cintura, más cuatro centímetros para el doblez de los extremos. Después se hilvana un doblez en la cintura de la falda y se coloca la cinturilla, de forma que el doblez de la falda coincida con uno de los bordes de la cinturilla. Los extremos de la cinturilla tienen que coincidir con la abertura de la falda. (Fig. 30).

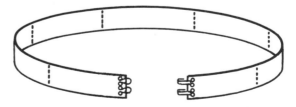

Figura 30. La cinturilla debe ser de un tejido fuerte y tieso.

Figura 31. Cuando el bajo lleve una curva muy pronunciada se deberá pasar un frunce muy menudo para que no se formen arrugas al coserlo.

El bajo

Se hace un doblez por todo alrededor de la prenda, siguiendo las marcas de hilos flojos. Si la falda es cortada de capa, resultaría el bajo con curva muy pronunciada. En este caso, para que no se formen arrugas al coserlo, se pasa un punto de bastilla cerca del borde, y se hace un frunce muy menudo, o sea con puntadas pequeñas, que después hay que embeber con la plancha. (Fig. 31).

Para embeber el frunce, se coloca encima un paño húmedo y se pasa la plancha bien caliente, con suavidad. De esta forma desaparecerá el frunce, porque el vapor hace encoger la tela.

Según la clase de prenda o tejido, hay varias formas de rematar el bajo.

El remate que más se emplea en los vestidos es sobrehilar todo el borde y después coser el doblez con punto escondido.

En abrigos o prendas de tejido grueso, se remata el bajo con punto escapulario, cogiendo las puntadas grandes. Y si la prenda es sin forro, se debe rematar con un ribete de cinta, lo mismo todas las costuras para que resulte más curioso el interior de la prenda.

Las presillas

Las presillas se emplean para abrochar botones, generalmente en las prendas que no llevan cruce. La manera de confeccionarlas es sencilla.

En primer lugar, se dan varias puntadas, todas de la misma medida y flojas, formando arco, que permita pasar el botón. Se sujeta después con la mano izquierda y se llena a punto de ojal. (Fig. 32).

También se emplean para confeccionar gemelos con dos botones. Vea la forma de realizarlo en la figura 33.

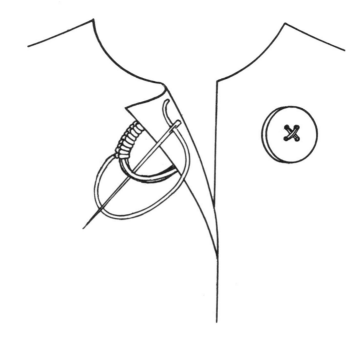

Figura 32. Las presillas se emplean para abrochar botones en las prendas que, generalmente, no llevan cruce.

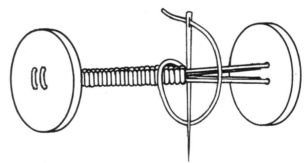

Figura 33. Del mismo modo que se hace una presilla, pueden hacerse unos gemelos con dos botones.

Los piquetes

En los márgenes de costura, que se deben dejar en la tela, y en las partes de forma curva, se suelen dar unos pequeños cortes llamados piquetes, para evitar que se formen arrugas.

Estos piquetes se dan generalmente en el escote, en la parte baja de la sisa, y también en la cintura por la parte del costado. En la figura 34 está indicada la forma de hacer estos piquetes.

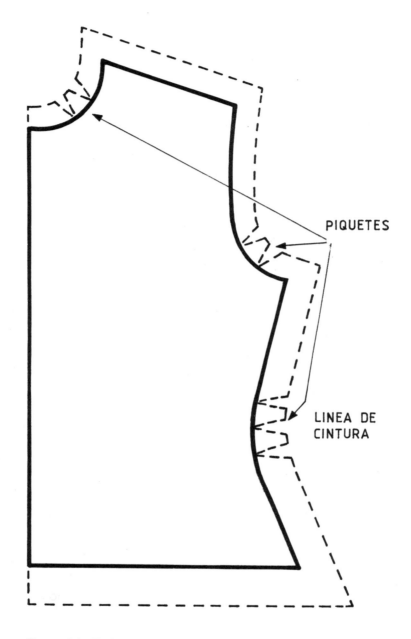

PIQUETES

LINEA DE
CINTURA

Figura 34. En las formas curvas
de los márgenes de costuras se
suelen hacer unos cortes para
evitar que se formen arrugas.

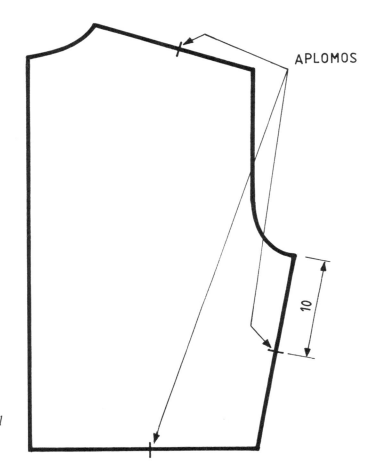

APLOMOS

10

Figura 35. Los aplomos son unas señales hechas en los bordes de las costuras para que al hilvanar éstas coincidan con más exactitud.

Los aplomos

Antes de hilvanar una prenda, es conveniente marcar en los bordes unos puntos que nos servirán de guía para que el hilvanado de las costuras quede exactamente en su sitio, sobre todo cuando éstas son largas y desiguales. A estos puntos o marcas se les llama aplomos.

Cuando los bordes que se van a unir son desiguales, se señalan los aplomos a una misma distancia. Para medir esa distancia nos pueden servir de punto los extremos de cada costura. Ejemplo:

En las costuras del costado se marcan los aplomos a diez centímetros de la sisa, como lo indica la figura 35.

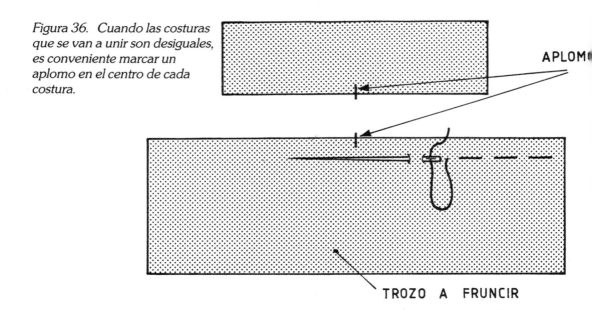

Figura 36. Cuando las costuras que se van a unir son desiguales, es conveniente marcar un aplomo en el centro de cada costura.

APLOM

TROZO A FRUNCIR

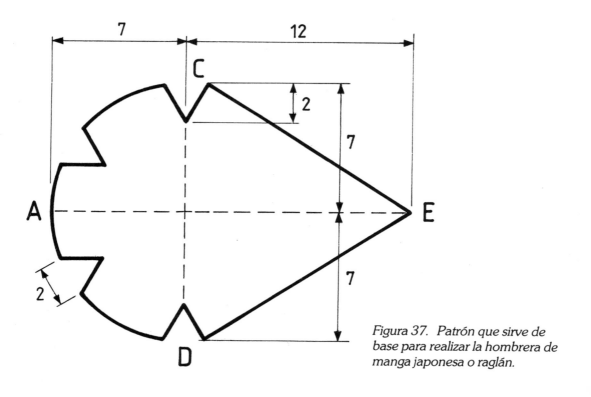

Figura 37. Patrón que sirve de base para realizar la hombrera de manga japonesa o raglán.

En la cintura y en los hombros se señalan en los centros de ambos.

Si el aplomo se ha de hacer en un delantero con pinzas, se hará a la misma distancia que se haya señalado en la espalda, pero una vez cogidas las pinzas.

Cuando los bordes que vayamos a unir sean desiguales o fruncidos, se marcará también el centro de cada costura, debiendo coincidir los aplomos al efectuar el hilvanado. (Fig. 36).

Hombrera

Es una especie de almohadilla que se pone a las prendas para aumentar la anchura de los hombros, según las exigencias de la moda.

En los vestidos de manga japonesa o raglán, se emplea la hombrera que indica la figura 37. Para su realización, se necesita hacer un patrón que servirá de base para cortar la hombrera en la entretela.

Patrón de la hombrera

Se traza una línea recta de 7 cm de largo, marcando en sus extremos las letras A y B. Desde B hacia arriba y abajo se ponen otros 7 cm que señalamos con las letras C y D. Fíjese en la figura 37.

Después de partir de B, hacia la derecha, se traza una línea de 12 cm, que señalamos con la letra E.

A continuación se traza una curva que empieza en C, pasa por A y termina en D. Los puntos C y D se unen con E.

Después se dibujan cuatro pinzas, de 2 cm de ancho por 2 cm de largo. Dos de estas pinzas se realizan en los puntos C y D y las otras dos en el centro de AC y AD. (Fig. 37).

Se coloca el patrón sobre la entretela y se recorta. Una vez cortada, se cosen las pinzas, quedando la entretela con forma abombada, lo cual hará que se ajuste perfectamente al hombro.

El hueco que forma después de cogidas las pinzas, hay que rellenarlo con guata, de forma que los bordes queden finos y la parte del centro gruesa. Las capas de guata se sujetan con hilvanes.

Cuando la hombrera se coloca en una prenda sin forro, como por ejemplo un vestido, hay que forrarla con una tela fina, pudiendo ser de la misma de la prenda. Para esto se utiliza el mismo patrón de la hombrera.

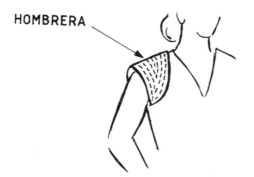

HOMBRERA

Figura 38. Hombrera empleada
en prendas de manga corriente.

Figura 39. Patrón para realizar la
hombrera de manga corriente.

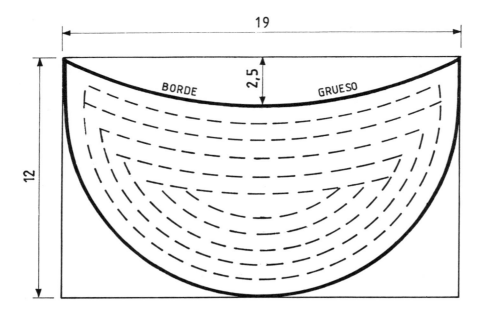

19

2,5

BORDE   GRUESO

12

Hay otra clase de hombrera que se emplea en prendas de manga corriente. (Fig. 38).

Para realizar este tipo de hombrera, se corta una entretela de la misma forma y dimensiones que se indican en la figura 39, es decir, primero ha de dibujar el rectángulo con las medidas que se le indican y después realizar la forma de la hombrera. Debe tener en cuenta que, desde el centro de la línea del rectángulo, hasta el borde grueso de la hombrera, ha de haber 2,5 cm.

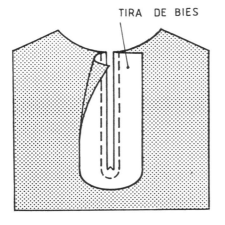
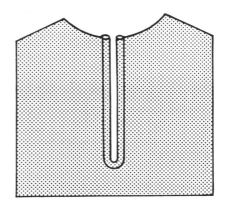

TIRA DE BIES

Figura 40. Forma de colocar la tira de bies para rematar la abertura del escote. Tenga en cuenta que el derecho de la tira de bies y el de la tela deben encararse.

Después de cortada la entretela, se va cubriendo con varias capas de guata, hasta obtener el grueso que se desee dar para subir el hombro. Estas capas de guata hay que irlas colocando de forma que el borde exterior quede grueso y el interior fino, o sea, el borde que queda más cerca del escote en la prenda es el que debe quedar fino. Al colocarla, tiene que coincidir el borde grueso con la costura de la sisa, como puede verse en la figura 38.

Diferentes clases de aberturas

Abertura rematada con bies

Hay prendas que llevan cerrado el delantero, pero para poderla pasar por la cabeza, se les hace una abertura en el escote, bien sea por la parte del delantero, o por la espalda. Para rematarla se emplea una tira de bies; cuya colocación explicamos cuando hablábamos de ribete de bies. En la figura 40 puede ver la forma de colocar este ribete y como queda una vez terminado.

Abertura con vista

En algunos modelos de vestidos, la abertura del delantero queda formando solapa. Para esto, necesitamos poner una vista, que colocaremos de la manera siguiente:

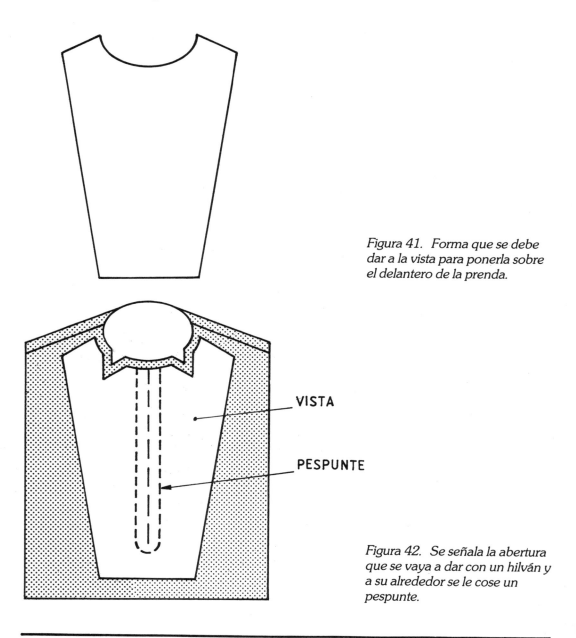

Figura 41. Forma que se debe dar a la vista para ponerla sobre el delantero de la prenda.

VISTA

PESPUNTE

Figura 42. Se señala la abertura que se vaya a dar con un hilván y a su alrededor se le cose un pespunte.

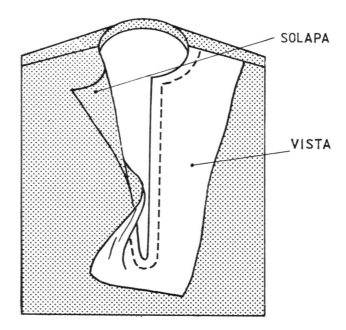

SOLAPA

VISTA

Figura 43. La tela de la vista se pasa por la abertura a la parte interior de la prenda y se remata con un punto escondido.

Se corta un trazo de la misma tela de la prenda, dándole la forma que puede apreciar en la figura 41, debiendo tener mayor largura que la que vayamos a dar a la abertura. En los bordes se hace un doblez hacia afuera y se cose con un pespunte. Después se coloca sobre el delantero con el derecho de éste encarado, sujetándola con un hilván.

El lugar de la abertura se señala con un hilván largo y a su alrededor se pasa un pespunte. (Fig. 42).

Después se corta la abertura siguiendo la marca del hilván y se pasa un pespunte por el borde del escote, que coja la vista con la tela de la prenda.

Para que haga mejor asiento, se pueden hacer unos piquetes en el borde del cuello.

Después se pasa la vista por la abertura, quedando el derecho de la tela por el revés de la prenda. (Fig. 43).

A continuación se plancha y se cose la vista por el revés con punto escondido, dando puntadas cortas y cogiendo dos hilos en la prenda para que no se noten las puntadas por el derecho.

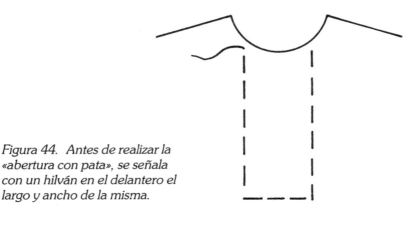

Figura 44. Antes de realizar la «abertura con pata», se señala con un hilván en el delantero el largo y ancho de la misma.

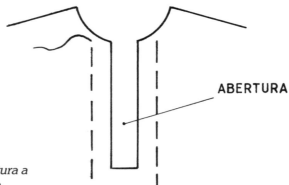

ABERTURA

Figura 45. Se corta la abertura a medio centímetro del hilván.

Abertura con pata

Cuando la abertura del delantero es larga, hay otro procedimiento para rematarla, llamado «abertura con pata». Lo primero que hay que hacer es señalar en el delantero el largo que se desee dar a la abertura y el ancho que pondremos en la tira. La anchura de la tira puede ser de cuatro centímetros.

El largo y ancho de la abertura lo señalamos con un hilván. (Fig. 44).

Después se recorta la abertura a medio centímetro del hilván anterior, como indica la figura 45, dejando un pequeño margen para las costuras.

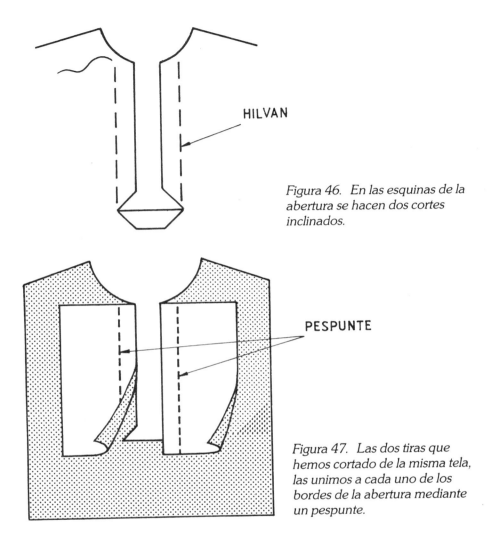

HILVAN

Figura 46. En las esquinas de la abertura se hacen dos cortes inclinados.

PESPUNTE

Figura 47. Las dos tiras que hemos cortado de la misma tela, las unimos a cada uno de los bordes de la abertura mediante un pespunte.

En las esquinas de la abertura se harán dos piquetes inclinados, y el borde inferior se dobla hacia adentro. (Fig. 46).

Después hay que cortar dos tiras de tela iguales que el género de la prenda, con un ancho de 9 cm, y de largo 2 cm más que la abertura.

Estas tiras las colocaremos sobre el delantero, encarando los derechos de la prenda y las tiras. Se une el borde de la tira con el borde de la abertura mediante un hilván y después se pasa un pespunte a medio centímetro de los bordes, llegando exactamente hasta las esquinas inferiores de la abertura. (Fig. 47).

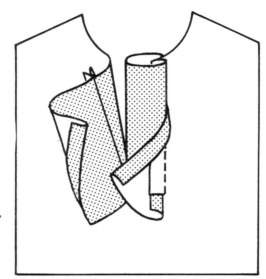

Figura 48. Se pasan las dos tiras, por la abertura, al revés de la prenda, donde se cosen con una puntada muy pequeña para que no se vean por el lado derecho.

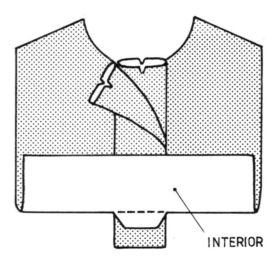

Figura 49. Por el borde inferior de la abertura, se pasa un pespunte, cogiendo las dos tiras.

INTERIOR

Después se pasan las dos tiras por la abertura, al otro lado del delantero, y se les hace un doblez en los bordes. A continuación se cosen a la prenda por el revés, con un punto escondido muy menudo, procurando que no salgan las puntadas por el derecho (Fig. 48).

A continuación se pasa un pespunte por el borde inferior de la abertura cogiendo las dos tiras, como indica la figura 49.

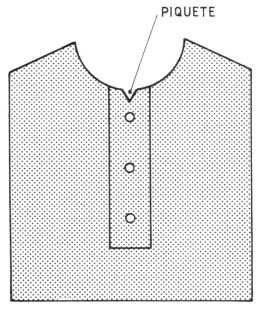

PIQUETE

Figura 50. Antes de rematar el cuello se hacen unos piquetes pequeños en el borde superior de las dos tiras.

Antes de coser el cuello hay que dar un piquete pequeñito en el centro del borde superior de ambas tiras, doblando después las esquinas exteriores. Se rematan a punto escondido. (Fig. 50).

Colocación de puños

Hay algunas mangas rectas muy ajustadas a la muñeca, y para poder pasar la mano sin dificultad es necesario hacerles una abertura. Esta suele hacerse en la misma costura de sangría; para esto, basta dejar unos centímetros sin coser en la citada costura, poniendo después unos botones con sus correspondientes presillas para abrochar. (Fig. 51).

El bajo se remata con un doblez, cosido a punto escondido.

Puño redondo

Algunos modelos de mangas, llevan recogido el vuelo con un puño. Para su realización se necesita cortar una tira al hilo, que mida de

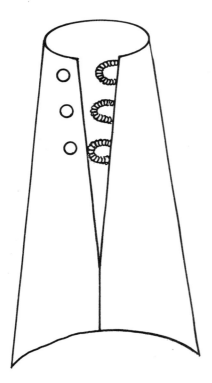

Figura 51. Manga recta ajustada a la muñeca.

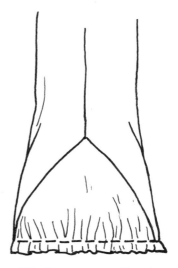

Figura 52. Para ajustar el borde de la manga a la medida del puño se le ha de pasar un frunce.

largo el contorno de muñeca, más 2 cm, y la anchura debe ser el doble de la que queremos dar al puño.

La forma de colocarlo es la siguiente:

Se descose la costura de sangría unos 5 cm y después se pasa un frunce por el borde del bajo de la manga, frunciéndola hasta dejarla con la medida del puño. (Fig. 52).

Después se coloca uno de los bordes del puño encima del frunce, por la parte derecha de la manga. Se sujetan con alfileres los dos extremos del puño a los extremos de la manga y se hilvana, cosiéndolo a continuación con un pespunte cerca del borde. (Fig. 53).

Seguidamente se lleva el otro borde del puño sobre el fruncido que habíamos hecho, pero por el revés de la manga, y se cose con un punto de lado por encima del pespunte que ha quedado al unir el puño a la manga. (Fig. 54).

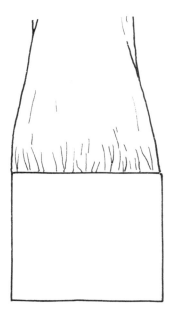

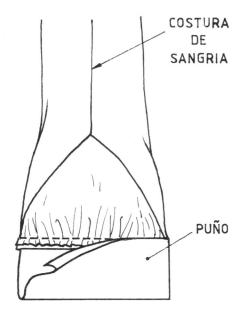

Figura 53. Uno de los bordes del puño se coloca encima del frunce de la manga y se cose con un pespunte.

Figura 54. El otro borde del puño se cose a mano por el revés de la manga y encima del pespunte que habíamos realizado.

Puño camisero de señora

Este puño es igual que al anterior, pero con la diferencia de que sus bordes no terminan en la costura de sangría, sino que la abertura se hace por parte externa de la manga. (Fig. 55).

Se corta una tira al hilo, doble de ancha que la medida que se le vaya a dar al puño de largo; se pone la medida del contorno de muñeca, más seis centímetros.

Después en la mitad de la manga, por su parte externa se da un corte de ocho centímetros de largo y se remata esta abertura, siguiendo las instrucciones que dimos para la abertura del delantero rematada con bies, aunque esta tira puede cortarla también al hilo.

Antes de colocar el puño hay que coger un frunce en el bajo de la manga, procurando dejar más vuelo por la parte interna. Para colocar el puño, puede seguir las instrucciones que dimos en el puño redondo.

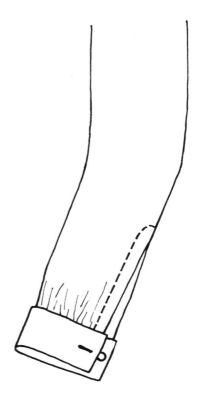

*Figura 55. El puño camisero de
señora lleva la abertura por la
parte externa del brazo.*

Para abrochar los extremos del puño, se pueden hacer ojales y
poner unos gemelos confeccionados con dos botones. Si se prefiere,
puede llevar un ojal sólo en un extremo y un botón cosido por la parte
inferior del puño en el otro extremo. (Fig. 55).

8

Instrucciones para cortar sobre la tela.
Prueba y remate de la prenda

Diferentes clases de cuellos

Cuello doble

Los cuellos se cortan, generalmente, sobre tela doble, porque además de sentar mejor, quedan más fuertes.

La manera de coser los cuellos es casi siempre igual, aunque su forma varíe.

Para que el cuello tome cuerpo y no se sienta tan fino, se suele poner una entretela, que va unida a la parte de abajo (pie) del cuello. Esta entretela suele cortarse sin suplemento para costuras. En caso de que vaya también cosida con la costura, deberá recortarse luego hasta casi la costura.

En blusas y trajes finos se suele hacer el cuello con la misma tela cortando dos veces la pieza inferior. La parte superior de un cuello deberá cortarse unos milímetros más grande que la de debajo, pues de lo contrario se pueden levantar las puntas o volverse el cuello hacia arriba, lo cual resultaría feísimo.

Si se utiliza algún género de algodón en la entretela, sería conveniente mojarlo antes o plancharlo con un paño muy húmedo, con objeto de que encoja antes de montarlo y no encontrarnos luego con sorpresas desagradables.

La tapa inferior del cuello se pica con la entretela y ésta se recorta hasta la línea de costura.

La tapa superior se prende con la inferior, haciendo que coincida bien el medio del cuello y poniendo encarados los dos derechos se distribuye bien el largo y se hilvana empezando desde el centro hasta el borde exterior.

Una vez encarados los derechos de las dos telas, se pasa un pespunte por todo el borde por la parte del escote. Después se vuelve el cuello del derecho y se plancha.

A continuación, la encimera del cuello se hilvana al escote de la prenda, debiendo estar encarado el derecho del cuello con el revés de la prenda. (Fig. 1).

Para que el hilvanado le resulte más exacto, es conveniente hacer antes la unión con alfileres, sujetando primero el centro del cuello con el centro del escote de la espalda, y después, los dos extremos del cuello con el centro del delantero, o borde de la abertura. Una vez colocados estos alfileres, se colocan otros por todo el escote y se procede a pasar el hilván por todo alrededor del mismo.

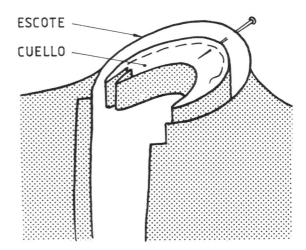

ESCOTE

CUELLO

Figura 1. La parte superior del cuello se hilvana al escote de la prenda, debiendo estar encarado el derecho del cuello con el revés de la prenda.

Después se pasa un pespunte por el hilván. A continuación se vuelve el cuello hacia arriba y se coge un doblez en el borde de la bajera del cuello, el cual se va hilvanando sobre la primera costura que hicimos, cuyos bordes estarán doblados hacia el cuello. El borde de la bajera del cuello se coserá a punto de lado. Al planchar el cuello, una vez terminado, hay que aplastar bien la costura del escote.

Cuello sencillo

Este cuello consta de una sola tela, y antes de colocarlo en la prenda hay que ribetear el borde exterior con una tira de bies estrechita que no tenga añadidos. (Fig. 2).

Se hilvana el bies por la parte externa del cuello, poniendo el derecho del cuello con el derecho del bies, se pespuntea sobre el canto exterior y se vuelve el bies a la parte inferior del cuello sujetándolo con un punto de lado y el borde doblado hacia dentro.

La colocación del cuello se verifica por el lado exterior de la prenda, la cual estará encarada con el revés del cuello y coincidiendo, el borde interior del cuello, con el escote. De esta forma colocado, se hilvana, y a continuación se pasa un pespunte. Después se recorta el borde del escote y se plancha, hacia abajo, junto con el borde inferior del cuello, de-

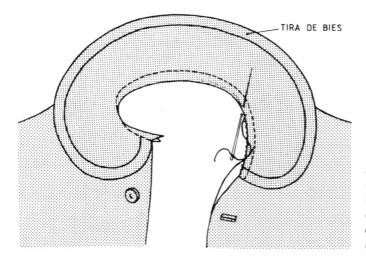

TIRA DE BIES

Figura 2. En los cuellos sencillos debe rematar el borde con una tira de bies estrechita. El borde del cuello que se monta sobre la costura del escote se remata con un punto de lado.

biendo quedar éste más ancho, como si se tratara de una costura cargada. El borde del cuello, montado sobre la costura del escote, se remata con punto de lado. (Fig. 2).

Cuello con solapa

Este cuello se coloca de la misma forma que el cuello doble, pero con la diferencia de que aquél termina en la esquina del escote y éste a una distancia del borde del delantero, igual, a la anchura del cuello. La esquina del escote hay que rematarla antes de colocar el cuello. Para ello se cose la vista por el revés con un pespunte y después se da un pequeño piquete en el cuello, como se ve en la figura 3.

Después se vuelve la vista del derecho y se plancha. A continuación colocaremos el cuello. (Fig. 4).

Picado

Para que una solapa cuello siente perfectamente y quede tiesa, será necesario unir la entretela con la tela inferior y ello se realiza mediante un picado.

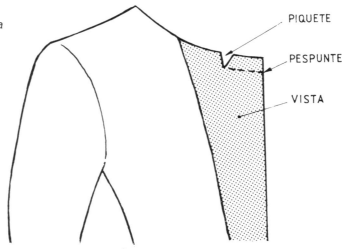

Figura 3. Para que quede bien formada la unión del cuello con la vista es conveniente hacer un pequeño piquete.

PIQUETE

PESPUNTE

VISTA

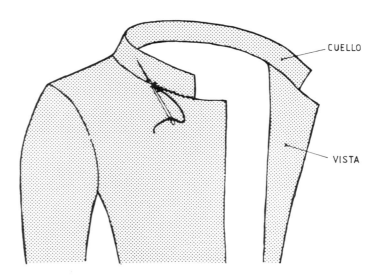

Figura 4. El cuello debe colocarse una vez se tienen preparadas las vistas.

CUELLO

VISTA

Este picado se hace de arriba hacia abajo y de abajo hacia arriba, haciendo la puntada larga en sentido diagonal sobre la entretela y cogiendo la puntada corta en la tela inferior, con el fin de que no se vean las puntadas por detrás.

Deberá cogerse la labor de forma que se mantenga arqueada sobre la mano izquierda, de esta forma, como la entretela la tendremos encima y la tela debajo, irá quedando algo más corta según vamos picando y evitaremos con ello que se levanten las esquinas de cuello y solapas.

El picado deberá empezarse a 2 cm, aproximadamente, de la línea de costura.

La entretela deberá llegar sólo hasta la línea de costura recortando bien el sobrante para que no abulte.

Diferentes clases de bolsillos

Bolsillos de plastrón

El bolsillo de plastrón es el más sencillo. La figura 5 muestra diferentes modelos de este tipo de bolsillo.

Después de cortados, según la forma deseada, se coge un doblez de 2 cm por la parte que no debe estar cosido a la prenda y de 1 cm por el resto del borde. Con un punto escondido se cose sólo el doblez de la parte que no va unida a la prenda, porque el resto del borde se cose con pespunte a la prenda misma, de manera que el borde quede formando una pequeña pestaña.

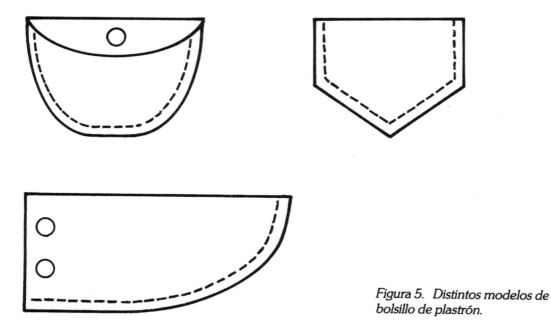

Figura 5. Distintos modelos de bolsillo de plastrón.

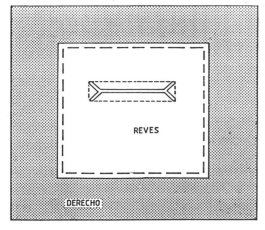

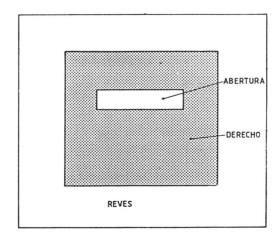

Figura 6. Corte del bolsillo.

Figura 7. Forma de verse la abertura del bolsillo, una vez pasada la tela.

Bolsillos cortados con ribetes

La abertura para estos bolsillos se hace de la largura que se desee y, después, se confeccionan igual que los ojales de tela. Evidentemente, los centímetros que dijimos que había de tener la tela por cada parte de la abertura sólo valen en este caso para los lados y la parte superior de la abertura, pues la parte inferior tendrá que ser tan larga como se desee la profundidad del bolsillo.

Por tanto, comenzamos colocando la tela del bolsillo sobre la prenda, hilvanándola para que no se mueva. Después señalamos con un hilván la abertura que daremos al bolsillo y cosemos un pespunte alrededor de dicha señal realizando a continuación el corte del bolsillo. (Fig. 6).

Después seguimos todo el proceso que explicamos al realizar el ojal hasta pasar el trozo de tela del bolsillo por la abertura. En este momento estaremos en la fase que presenta la figura 7.

Seguidamente, se hacen los pliegues de la misma forma que realizamos los del ojal, y se sujetan siguiendo el mismo proceso de entonces. (Fig. 8).

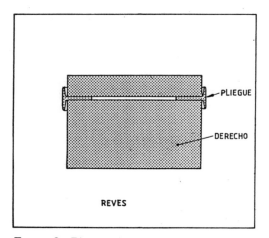

Figura 8. Pligues de la tela sobre la abertura.

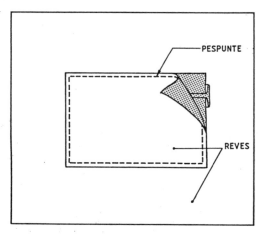

Figura 9. El revés del bolsillo se cubre con un trozo de tela y se cose con un pespunte alrededor de los bordes.

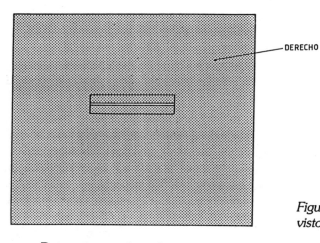

Figura 10. Bolsillo terminado, visto por el derecho de la prenda.

Después se cubre el revés del bolsillo con un trozo de tela (recuerde que en el ojal colocábamos la vista), y se pasa un pespunte alrededor de los bordes. (Fig. 9). Si damos la vuelta a la prenda, nos quedará terminado el bolsillo, tal como muestra la figura 10.

Bolsillos estilo sastre

A estos bolsillos se les llama estilo sastre, porque donde más se suelen emplear son en prendas de ese estilo.

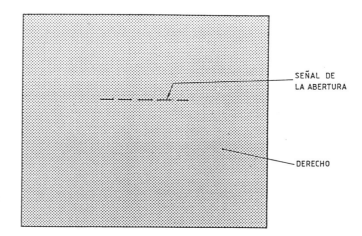

SEÑAL DE
LA ABERTURA

DERECHO

*Figura 11. En la prenda se
señala el lugar de la abertura del
bolsillo.*

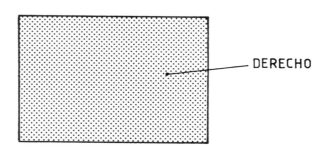

DERECHO

*Figura 12. Tira de la misma tela
que la prenda.*

Lo primero que hay que hacer es señalar con un hilván el lugar donde vamos a hacer la abertura del bolsillo y el tamaño de la misma. (Fig. 11).

Después se corta una tira al hilo cuyo largo será igual al largo de la abertura del bolsillo, más 2 cm, y de unos 5 cm de ancha. (Fig. 12). A continuación se dobla la tira, en su sentido más largo, por la mitad, de forma que queden encarados los derechos de la tela, y se pasa un pespunte a 1 cm de los extremos. (Fig. 13). La distancia entre los dos pespuntes deberá ser igual que la abertura del bolsillo.

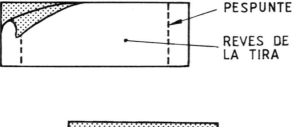

PESPUNTE

REVES DE
LA TIRA

Figura 13. Se dobla la tira por la mitad y se cosen los extremos.

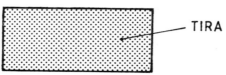

TIRA

Figura 14. Tira acabada.

A continuación se gira la tira por el derecho y se plancha para que queden asentadas las costuras. (Fig. 14).

Una vez preparada la tira se coloca sobre la prenda y se hilvana por debajo de la señal de la abertura, de modo que la parte abierta de la tira sea la que quede cercana a la señal de la abertura, como puede ver en la figura 15.

Después se corta un trozo de tela, que tendrá de largo la profundidad que se desee dar al bolsillo y de ancho tendrá 4 cm más que la abertura del bolsillo. Estos centímetros de más, servirán después para las costuras.

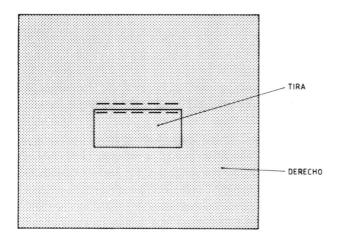

TIRA

DERECHO

Figura 15. La tira se hilvana por debajo de la señal de la abertura.

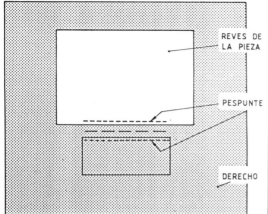

Figura 16. La pieza de tela se coloca por encima de la señal de la abertura.

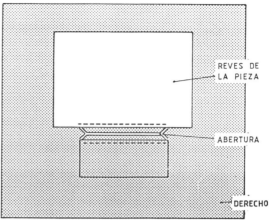

Figura 17. Corte del bolsillo.

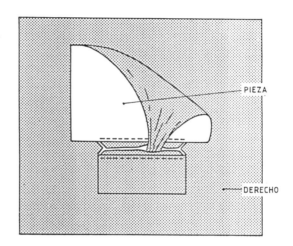

Figura 18. La pieza que nos servirá para formar el interior del bolsillo se pasa por la abertura.

Esta pieza que hemos cortado, la hilvanaremos por encima de la señal de la abertura, encarando el derecho de esta pieza con el derecho de la prenda y se cose con un pespunte cerca del borde. Este cosido debe ser de la misma longitud que la abertura. Igualmente haremos con la tira pasando también un pespunte cerca del borde. (Fig. 16).

Cosidas la tira y la pieza, se corta la abertura, siguiendo la señal hecha con el hilván al principio. El corte no debe llegar a los extremos para que puedan hacerse dos piquetes inclinados, que llegarán hasta los respectivos extremos de las costuras. (Fig. 17).

A continuación, se pasa por la abertura, la pieza que nos servirá para hacer el bolsillo. (Fig. 18). Después se plancha por el revés la costura abierta, quedando el bolsillo tal como muestra la figura 19.

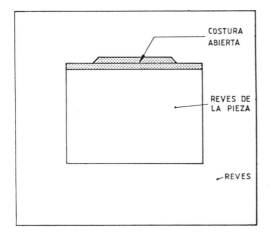

Figura 19. Una vez pasada la pieza al revés de la prenda se plancha con la costura abierta.

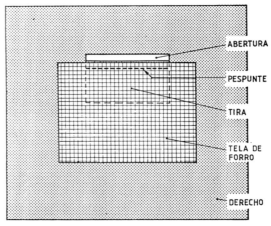

Figura 20. La pieza de forro se une a la tira mediante un pespunte.

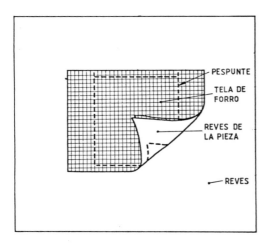

Figura 21. Después de pasada la tela de forro al revés de la prenda, se une con la pieza de tela pasada anteriormente mediante un pespunte.

De tela de forro se corta otra pieza del mismo tamaño de la pieza del bolsillo y se cose a la tira con un pespunte, haciendo coincidir éste con el pespunte de la tira (Fig. 20). Sobre esta figura hemos indicado con puntos la tira que queda debajo ya que, al colocar la pieza de forro, no se ve.

Después se pasa el forro por la abertura, y se cose, con la pieza que habíamos pasado anteriormente, mediante un pespunte por todo su alrededor, formando así el interior del bolsillo, procurando coger los dos triangulitos que se formaron al dar los piquetes en los extremos de la abertura. (Fig. 21).

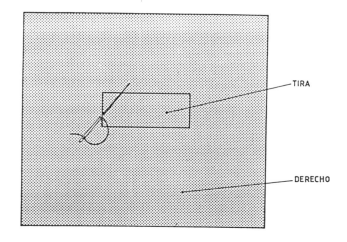

Figura 22. Una vez cosida la tela por los laterales, queda terminado el bolsillo.

TIRA

DERECHO

La tira que queda por el lado derecho de la prenda se levanta, de modo que quede cubriendo la abertura del bolsillo y se plancha. Seguidamente, se cosen los laterales, con un punto de lado, quedando así terminado el bolsillo. (Fig. 22).

Bolsillos de cartera

Al igual que en el bolsillo sastre, hay que marcar con un hilván la abertura del bolsillo. (Fig. 23).

Después se prepara la cartera. Para ello se corta una tira al hilo, cuyo largo será igual al largo de la abertura del bolsillo, más 2 cm, y de

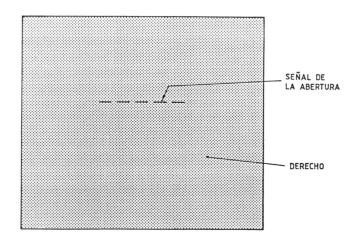

SEÑAL DE
LA ABERTURA

DERECHO

Figura 23. Sobre la prenda se señala la abertura del bolsillo.

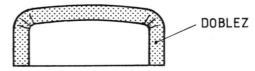

Figura 24. *Cartera de forma rectangular.*

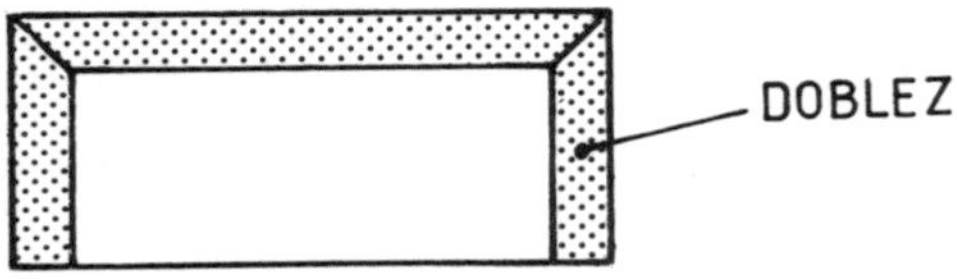

DOBLEZ

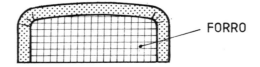

Figura 25. *Cartera redondeada.*

DOBLEZ

Figura 26. *El forro se cose sobre la cartera con un punto de lado.*

FORRO

ancho unos 3 cm. En esta tira, se doblan los tres bordes hacia dentro, de modo que el largo que quede sea igual al largo de la abertura. A continuación se planchan los dobleces. Nosotros le recomendamos que si no tiene mucha práctica para hacerlo directamente, hilvane los dobleces para plancharlos mejor y le saca después el hilván. En la figura 24 tenemos la cartera con los correspondientes dobleces y debidamente planchada. Evidentemente, la cartera puede ser redondeada como en la figura 25, pero el proceso de preparación es el mismo, aunque tenga alguna dificultad mayor a la hora de hacer el redondeo de las esquinas, por los pequeños pliegues que se forman.

Antes de coser la cartera a la prenda se procede a forrarla. Para ello, se corta un trozo de forro de tamaño un poco inferior al tamaño de la tira de la cartera y se coloca sobre la cartera, doblando tres de sus bordes hacia adentro, y se cose con un punto de lado muy menudo. (Fig. 26).

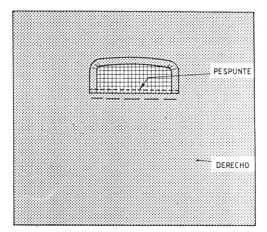

Figura 27. La cartera se cose por
encima de la señal de la abertura.

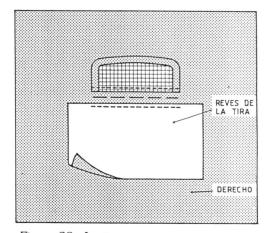

Figura 28. La tira se cose por
debajo de la señal de la abertura.

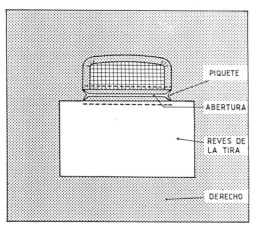

Figura 29. Corte del bolsillo.

Preparada la cartera, se hilvana por encima de la señal de la abertura, encarando el derecho de la cartera con el derecho de la prenda y se cose con un pespunte cerca del borde. (Fig. 27).

Después se corta otra tira del mismo género de la prenda, que tenga unos 4 cm más de largo que la señal de la abertura, para lo que se entre en costuras.

Se encara el derecho de esta tira con el derecho de la prenda y se cose en la parte inferior de la señal de la abertura y con la misma longitud de cosido que ésta. (Fig. 28).

Siguiendo la señal de la abertura, se corta sin llegar a los extremos, ya que un poco antes del final se han de hacer dos piquetes, inclinados hacia las costuras, en cada uno de los extremos. (Fig. 29).

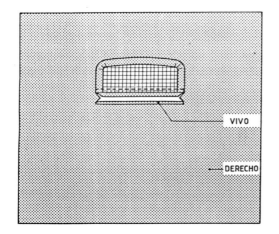

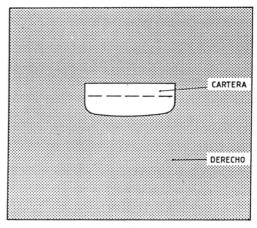

Figura 30. La tira se pasa por la abertura al revés de la prenda.

Figura 31. La cartera se gira hacia abajo, cubriendo la abertura.

Después se pasa la tira por la abertura y se hilvana de manera que en el borde de la abertura se forme un vivo. (Fig. 30).

Se vuelve la cartera hacia abajo y se hilvana sobre el derecho de la prenda, de modo que la abertura quede cubierta. (Fig. 31). Los dos piquetes que hemos dado a la abertura en sus extremos hay que coserlos a la tira del bolsillo, para que las esquinas de la abertura queden cuadradas.

A continuación se cortan dos trozos de forro para formar el interior del bolsillo. Uno se hace coincidir por uno de sus extremos con la parte inferior de la tira y se cosen con un pespunte. Después se gira hacia abajo el forro que acabamos de coser, con lo que la costura queda oculta. (Fig. 32).

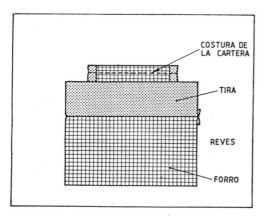

Figura 32. Uno de los trozos de forro se cose a la parte inferior de la tira.

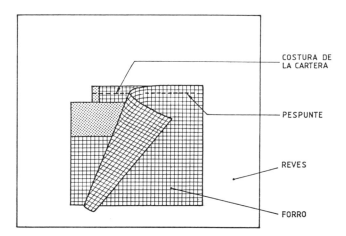

COSTURA DE
LA CARTERA

PESPUNTE

REVES

FORRO

Figura 33. Sobre la costura de la cartera se cose el otro trozo de forro.

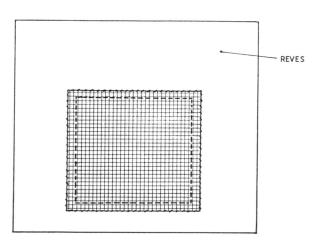

REVES

Figura 34. Para terminar de formar el bolsillo se unen los dos trozos de forro.

El otro trozo de forro se cose a la costura de la cartera (Fig. 33). Por último, se unen los dos forros mediante un pespunte y se sobrehilan los bordes. (Fig. 34).

Instrucciones para cortar sobre la tela

Como ya ha adquirido cierto dominio en el trazado de patrones, y conoce los detalles más importantes de la confección, vamos a explicarle la forma de cortar sobre la tela y el armado de la prenda.

Varios detalles hay que tener en cuenta antes de practicar esta operación.

Es preciso observar, antes de cortar la tela, el género y dibujo de ésta. En las que tienen pelos, por ejemplo los paños, es indispensable colocar todos los patrones en la misma dirección del pelo, sin cambiarlos, ni aun por economía de tela, pues si se ponen cambiados aparecerían después, en la prenda confeccionada, dos tonos de distinto color.

En los géneros con dibujos, sólo hay que cuidar de que éste no resulte cambiado, para lo cual, colocaremos los patrones siguiendo todos una misma dirección.

En las telas rayadas o a cuadros, hay que tener la precaución de que casen en todas las costuras que contenga la prenda, aunque para ello sea necesario despediciar tela, si queremos conseguir un conjunto perfecto y armonioso.

Las telas sin dibujo ni pelo marcado, resultan siempre las más ventajosas, porque permiten cortar las diferentes piezas de que consta un vestido ahorrando tela y tiempo.

En todos los casos, sea cual fuere el género y dibujo, se cortarán primeros las piezas grandes, a fin de utilizar, para las pequeñas, los recortes que vayan quedando.

Una vez elegido el modelo que se desea confeccionar, se hace un patrón tipo de papel de todas las piezas correspondientes a la prenda; espalda, delantero, mangas, etc., y a la medida de la persona a quien se destina la prenda.

En dichos patrones, y por medio del sistema de transformación, como explicaremos en otros capítulos más adelante, se dibujarán cuantos detalles presente el modelo. Hechas estas modificaciones se cortarán los patrones sin dejarles margen para costuras, puesto que éste se dejará después en la tela.

A continuación se colocarán sobre la tela doblada para obtener la prenda completa, pues, como ya sabe, en el patrón se realiza la mitad. Hay patrones enteros que hay que cortarlos también dobles: por ejemplo: mangas, bolsillos, cuellos, etc., con objeto de obtener exactamente iguales las dos piezas.

El doblez de la tela se debe hacer en sentido al hilo, excepto cuando queramos que el dibujo de la tela vaya al contrahilo o al bies. Al doblar el género hay que tener cuidado de que el derecho quede por la parte interior, sujetándolo bien con alfileres para que no se mueva, sobre todo cuando el género es resbaladizo por ejemplo: la seda, el cre-satén, etc. Después se colocan los patrones sobre el revés del género, sujetándolos bien con alfileres. La espalda, siempre junto al doblez, con el fin de que salga completa después de cortada, a no ser que el modelo del figurín exija lo contrario, porque sea abierta la espalda. A continuación se corta el delantero, que se colocará coincidiendo su centro con el orillo del género si es abierto, y junto al doblez del tejido si es cerrado. Después se cortan las mangas, etc.

Antes de cortar la tela hay que pasar el jaboncillo por todos los bordes del patrón para que quede dibujado sobre la tela; no hay que olvidarse de marcar las pinzas, etc. Para calcar los cortes interiores del patrón, se perforan las línea de éstos con la ruleta y a continuación se pasa fuertemente el jaboncillo por encima. Antes de separar los patrones de la tela, se dejarán señalados todos sus detalles, sin olvidar de marcar los aplomos, puesto que éstos nos ayudarán para que, al hacer la unión de las piezas, resulten con toda exactitud, sobre todo cuando se trate de costuras largas o fruncidas.

También hay que marcar el margen de costuras alrededor de cada pieza antes de cortar, puesto que los patrones carecen de ello porque se trazan justos a la medida de la persona. La tela que dejaremos será en la siguiente proporción: Un centímetro en el escote, dos en la sisa, tres en las costuras del hombro, cuatro o cinco en los costados, cuatro en la cintura. En las mangas cuatro centímetros en la costura de sangría, dos en la enmangadura y siete en el bajo; si lleva puño habrá suficiente con dos centímetros. (Fig. 35).

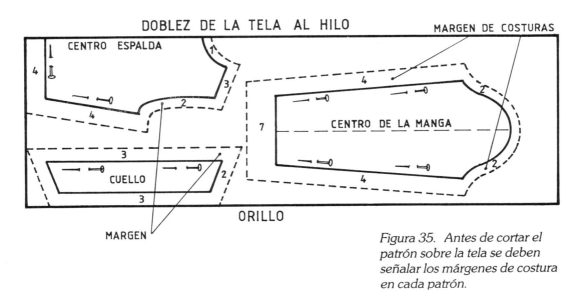

Figura 35. Antes de cortar el patrón sobre la tela se deben señalar los márgenes de costura en cada patrón.

En el borde inferior de la falda, se dejará una cantidad prudencial para dobladillo, según se trate de una prenda de niña o persona mayor.

Armado de las prendas

Cortadas todas las piezas, se marcarán las costuras por medio de hilvanes flojos, para saber luego con exactitud por donde debe hilvanarse al armar el traje o la prenda de que se trate. Después se separan los patrones de la tela.

La manera de pasar los hilvanes flojos ya la hemos explicado. Se practica en la misma forma que el hilván corriente, con la diferencia de que no se tira del todo de la hebra al sacar la aguja, sino que se dejan las puntadas flojas, o modo de presillas, con el fin de que al desunir las telas, resulte espacio suficiente entre una y otra para cortar por el centro y quede señal en ambos lados, de esta forma queda marcada la forma del patrón en las dos telas. Se aconseja que, después de efectuada esta operación, se planchen las puntadas, para evitar que se desprendan con facilidad los hilos cortados.

Hilvanado de la prenda

El conocido proverbio: «Quien bien hilvana bien cose» da una idea exacta de la importancia grandísima que este punto tiene, y del cual, en muchos casos, depende el buen asiento de la prenda.

Para hilvanar deben emplearse agujas largas, cuyo grueso guarde relación con la tela. La puntada debe ser corta y lo más recta posible.

Al empezar a hilvanar, en el extremo de la hebra se hace un nudo para sujetarla en la tela, y al terminar cada una de ellas, se dan varias puntadas de remate para evitar que en la prueba se deshilvane la prenda.

Cuando la prenda que hilvanemos sea de un género a rayas, cuadros, etc., ya explicamos anteriormente que se emplea el hilván escondido, porque como se hace por el derecho de la prenda, podemos ver si casa bien el dibujo.

Al efectuar el hilvando, hay que procurar que no se formen tiranteces en el género, sobre todo cuando se trate de costuras curvas, como la de la manga, etc.

Cuando hacemos un vestido, hay que hilvanar por separado las costuras del costado del cuerpo de las de la falda, y después se unen las dos piezas, de forma que el borde de la falda monte sobre el cuerpo.

Ocurre con frecuencia que la cintura del cuerpo tiene más vuelo que la de la falda. En este caso, si no se recoge éste con pinzas, hay que coger un frunce cerca del borde del cuerpo, y después, repartir el vuelo por igual, entre la espalda y delantero. Para más comodidad se coge el frunce partido, es decir, de costado a costado.

En cuanto a los remates, deberá hacerse lo más primorosamente posible. Todas las costuras se sobrehilan o galonean con cintas que hay a propósito para este objeto, o con biesecitos de seda.

Colocación de las mangas

La colocación de las mangas es lo más difícil en la confección. Por tanto, le aconsejo ponga especial cuidado y atención en esto. Unas mangas mal colocadas dan mal aspecto a la prenda, y además resultan incómodas porque se forman tiranteces y arrugas que entorpecen los movimientos del brazo.

Primero se debe preparar la manga derecha para efectuar la primera prueba, y si observamos que queda bien sentada, se confecciona la otra exactamente igual.

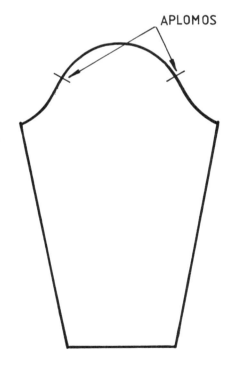

APLOMOS

Figura 36. En la parte de la enmangadura se señala un aplomo en la mitad de cada lado.

Figura 37. De un aplomo a otro de la enmangadura y por la señal de la costura se pasan dos puntos de bastilla para hacer el frunce.

Con un hilván largo se marca el centro de la manga. Después se hilvana bien la costura de sangría, y se coloca provisionalmente el puño, o simplemente se hilvana el doblez del bajo si la manga es recta, es decir, sin puño.

Como generalmente el hueco de la sisa es más pequeño que la enmangadura o borde superior de la manga, hay que recoger ese exceso de vuelo con un pequeño frunce. Pero antes de hacer dicho frunce, conviene marcar dos aplomos en la parte de la enmangadura, tal como se ve en la figura 36.

Para realizar el frunce se pasan dos puntos de bastilla por la señal de la costura de la enmangadura y de un aplomo a otro, dejando el hilo en sus extremos para poder fruncir lo necesario, hasta dejar la enmangadura justamente a la medida de la sisa, y procurando que el frunce quede repartido por igual. (Fig. 37).

A continuación se coloca la manga, sujetándola con alfileres, primero por la parte baja de la enmangadura, y haciendo coincidir los aplomos

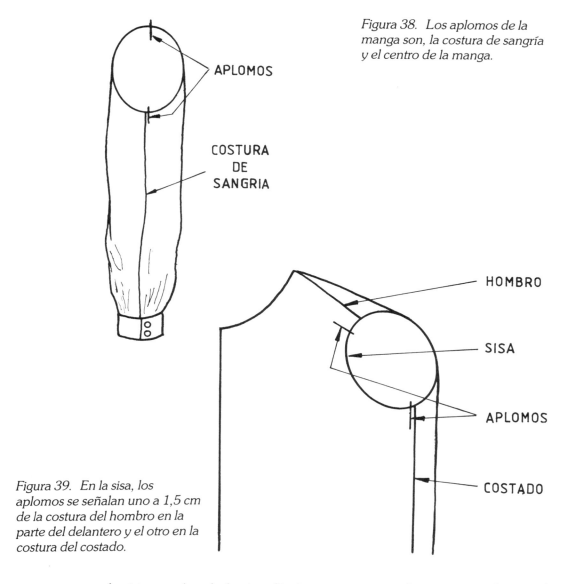

Figura 38. Los aplomos de la manga son, la costura de sangría y el centro de la manga.

APLOMOS

COSTURA DE SANGRIA

HOMBRO

SISA

APLOMOS

COSTADO

Figura 39. En la sisa, los aplomos se señalan uno a 1,5 cm de la costura del hombro en la parte del delantero y el otro en la costura del costado.

de ésta con los de la sisa. En la manga se emplean como aplomos el centro de la misma y la costura de sangría. (Fig. 38).

En la sisa del cuerpo, los aplomos se marcan uno a un centímetro y medio de la costura del hombro en la parte del delantero, y el otro en la costura del costado. (Fig. 39).

El hilvanado debe hacerse con puntadas cortas y por el lado interior de la manga, siguiendo la marca de los hilos flojos.

Instrucciones para la primera prueba

El saber probar bien una prenda es de tanta importancia como el cortarla y coserla bien. La prueba, siendo como es en el fondo una operación sencilla de practicar, no se domina hasta que no se adquiere alguna práctica, porque más bien que a reglas fijas, que también las hay, obedece a cuestión de costumbre o gusto personal.

Una prenda, para que esté bien hecha, debe presentar una silueta correcta y elegante, sin presentar ninguna arruga, y caer con el debido aplomo, sin entorpecer los movimientos.

Las prendas, para ser probadas, se deben colocar a las personas tal como se vayan a usar, es decir, con las costuras hacia adentro, para así poder apreciar mejor su caída y conjunto armonioso. Después se observan todos los detalles minuciosamente con el objeto de poder corregir cualquier defecto en que pudiéramos haber incurrido, bien al tomar las medidas sin la exactitud debida, o pasando inadvertido algún detalle importante.

Si es necesario, se sacará o entrará tela en las costuras, marcando la rectificación con alfileres.

Hay muchas personas que acostumbran a cortar «a ojo», y como es natural, se ven obligadas a hacer grandes rectificaciones en la prueba, y de esta forma no consiguen que las prendas tengan ese «chic» de buen gusto y elegancia. Pero si toman las medidas con exactitud y los patrones se trazan bien, podemos asegurar que las prendas que confeccione usted necesitarán pocas rectificaciones.

A continuación damos algunas instrucciones importantes que le ayudarán a efectuar la prueba de cualquier prenda, aunque es imposible dar normas detalladas para toda clase de rectificaciones precisas.

Es de suma importancia que la persona que vaya a probarse lleve la misma ropa que se pondrá cuando use la prenda, porque de lo contrario, ésta no sentaría bien. También es conveniente que, si dicha persona usa zapatos de tacón alto, tenga puestos los mismos que tenía al tomarle las medidas, y si son otros, debe tener igual altura el tacón.

Cuando se ponga la prenda a la persona interesada, se abrirá un trozo en la costura del costado izquierdo, en el cuerpo y falda, a fin de que pueda pasar sin dificultad por los hombros. Y una vez puesta la prenda, cerraremos dicha abertura sujetándola con alfileres. Le resultará más fácil rectificar sólo el lado derecho, y después, estas rectificaciones pasarlas al lado izquierdo por medio de hilvanes flojos.

El cuerpo de la prenda debe quedar holgado para que quede más airoso. Unicamente en los entallados debe quedar ceñido, sin exceso.

Si la prenda queda muy ceñida o demasiado holgada, se rectificaría en las costuras del costado, sacando o entrando unos centímetros a cada lado.

Las costuras que son rectas, como las del costado, deben quedar completamente rectas. El cuerpo también debe caer sin formar arrugas. Donde más frecuentemente se suelen formar más, son: en el escote, en la parte del hombro, en la cintura por la parte de la espalda y en la sisa.

Cómo hacer los retoques

En la figura 40 puede apreciar las arrugas de la sisa. Si es grande la rectificación que necesita, conviene descoser por completo la costura del hombro y volverla a prender con alfileres de la forma que indica la figura 41.

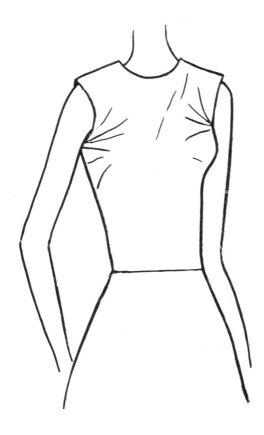

Figura 40. Cuando las arrugas se forman en la sisa se debe descoser por completo la costura del hombro.

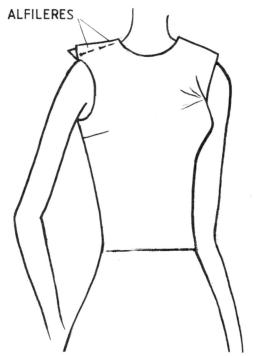

ALFILERES

Figura 41. Una vez descosida la costura del hombro se alisa la tela, tanto en la espalda como el delantero y se vuelve a prender con alfileres.

Figura 42. Arrugas en la parte delantera de los hombros.

Cuando las arrugas se forman en la parte delantera de los hombros, como se ve en la figura 42, se corrigen subiendo la costura de los mismos por la parte del escote. (Fig. 43).

Cuando la espalda de un vestido queda con bolsas por debajo de la sisa, como en la figura 44, significa que es demasiado larga. Puede corregirse entrando unos centímetros al talle, o sea subiendo la falda hasta que desaparezcan las arrugas. (Fig. 45).

Si las arrugas quedan debajo el brazo, casi siempre son debidas a una sisa estrecha. Puede escotarse un poco dicha sisa y las arrugas desaparecerán.

Como habrá usted observado, los defectos del cuerpo de una prenda casi siempre se quitan entrando en la costura del hombro; unas veces, por la parte de la sisa o por el escote, y a veces subiendo el hombro por completo, según los casos.

ALFILERES

Figura 43. Las arrugas de los
hombros, se corrigen subiendo la
costura de los mismos por la
parte del escote.

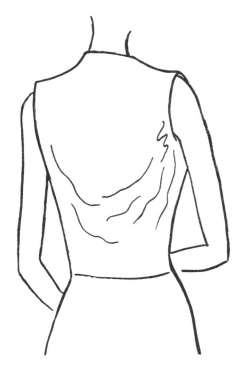

Figura 44. Espalda de un vestido
con bolsas por debajo de la sisa.

También hay que observar que el escote quede justo al cuello. Cuando resulte apretado, se hacen unos piquetes pequeños o se recorta un poco por todo su alrededor. Si, por el contrario, queda ancho, se cogen dos pincitas en el mismo borde del escote por la parte de la espalda.

Nos fijaremos si la manga sienta bien, y si se nota alguna tirantez, se cambiaría la enmangadura un poco hacia atrás o hacia delante hasta conseguir una colocación perfecta. En algunos casos, ya dijimos que no se pueden seguir normas generales, sino que hay que adoptar las piezas de la prenda según necesita la persona.

Si la manga, al rectificarla, hubiera que variarla de la línea de sisa, se marcaría con jaboncillo la nueva línea por donde habría que coserse, y esta rectificación se pasaría a la otra manga por medio de hilos flojos.

Figura 45. Las bolsas por debajo de la sisa, se corrigen subiendo unos centímetros el talle.

Observaremos si el talle queda en su sitio, para si fuera necesario rectificarlo.

También ocurre a veces que las costuras de los costados de la falda no queden perfectamente rectas, tendiendo a inclinarse hacia adelante, o hacia atrás. En tal caso, habrá que subir la falda por el centro de la cintura correspondiente a la espalda, si las costuras se van hacia adelante, y por el centro de la cintura del delantero, si las costuras se van hacia atrás. Este margen de costura que se entra en la cintura tendrá que ir en disminución hacia los costados.

Debe tener en cuenta que al subir la cintura de la falda para hacer esta corrección, por ejemplo 1 cm, ese mismo centímetro deberá sacarlo en el bajo de la falda para que éste quede redondeado.

Estos retoques se hacen cuando es pequeña la inclinación, pero en el caso de que dichas costuras no quedasen bien en su sitio, sería necesario descoserlas y prenderlas nuevamente con alfileres hasta que queden en el lugar correcto y perfectamente rectas.

Cuando en los costados de la falda se forma un ligero vuelo y el bajo queda levantado en dichos costados, se ha de proceder como en el caso anterior: subir la falda por el centro de la cintura, tanto en la trasera como en el delantero. De esta forma quedará el vuelo repartido por igual, dando mejor asiento a la falda.

Las faldas no deben quedar muy holgadas cuando son rectas, pero también resultará feo si queda demasiado ceñida por la parte de las caderas.

Los bolsillos se colocan en la prueba sujetándolos con alfileres; de esta forma se marca el sitio exacto donde hay que coserlos.

Encarado de las prendas

Como al hacer la primera prueba hemos retocado sólo en el lado derecho, para pasar las rectificaciones al lado izquierdo es necesario encarar la prenda.

Para realizar el encarado se deshilvanan las costuras y se doblan las piezas por el centro, sujetándolas bien con alfileres para que no se corran. Después se pasan unos segundos hilvanes flojos, llamados también contramarcas y por las nuevas señales se vuelven a hilvanar las costuras.

Si hay pinzas, es necesario coserlas y plancharlas antes de hilvanar las costuras nuevamente.

Preparación de la prenda para la segunda prueba

Para hilvanar todas las piezas de la prenda, empezaremos por el cuerpo, después la falda y, por último, las mangas.

Antes de coser todas las costuras a máquina, es conveniente quitar todos los hilos flojos que nos sirvieron de guía para efectuar el hilvanado de las costuras.

El objeto de quitar estos hilos es porque si se cogen con el pespunte de la máquina, resultaría difícil quitarlos.

Si el delantero es abierto por el centro y lleva ojales de tela, hay que hacer éstos antes de hilvanar las vistas hacia adentro. Hechos los cuales se coserá la vista por la parte de dentro con punto escondido.

Conforme se efectúa el cosido de la prenda, conviene ir planchando todas las costuras.

Después se hilvana el bajo haciendo el doblez por las marcas de los hilos y se pasan dos hilvanes. El primero quedará a medio centímetro del borde, y el segundo, un poco más alto.

Al hilvanar la falda al cuerpo, debe montar la falda sobre éste, y para conseguir una unión exacta se prenderán primero, con alfileres, los centros de espalda y delantero y a continuación, las costuras de los costados. De esta forma, si la cintura del cuerpo resultara mayor que la de la falda, se podría repartir el frunce del cuerpo en cuatro partes iguales.

Para que la prenda pueda pasar con facilidad por los hombros, se hará una abertura en el costado izquierdo.

Preparación de las mangas

Primero se cose a máquina la costura de sangría, rematando el bajo con un dobladillo o puño. Después hay que embeber con la plancha el frunce de la enmangadura; para esto, se humedece la parte fruncida por el revés de la manga, pasando después la plancha bien caliente y con suavidad, hasta que por la acción del calor haya desaparecido el frunce. Al efectuar este planchado hay que llevar mucho cuidado para que no se formen arrugas ni pliegues en la manga.

Preparadas las mangas se unen a la sisa del cuerpo por medio de un hilván muy menudo. No se coserá a máquina, hasta después de la segunda prueba.

Para su colocación, la manga debe estar vuelta del derecho y la prenda del revés. Después se entra la manga por el hueco de la sisa, como se ve en la figura 46, se sujeta con alfileres, haciendo coincidir los aplomos de la manga con los del delantero y, a continuación, se hace el hilvanado siguiendo la marca de hilos flojos.

Después de planchar bien la prenda, si hubiera hombreras se colocan provisionalmente y se efectúa la segunda prueba.

Colocación del cuello

El cuello no se coloca hasta la segunda prueba, porque entonces ya está corregido el escote.

La señal de la mitad del cuello se corresponderá con la mitad del escote de la espalda.

Lo sujetaremos con alfileres levantando el cuello y haciendo ir la costura que dejemos en ésta hacia afuera, para poder pasar mejor las señales.

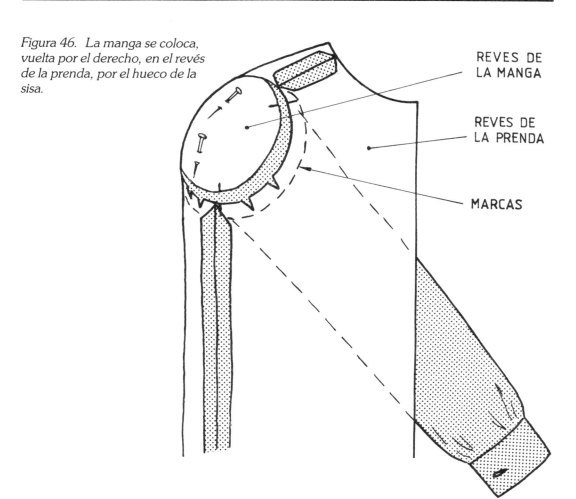

Figura 46. La manga se coloca, vuelta por el derecho, en el revés de la prenda, por el hueco de la sisa.

REVES DE
LA MANGA

REVES DE
LA PRENDA

MARCAS

Iremos probando hasta que encontremos la medida del escote o del desbocado que deseemos, poniendo alfileres muy juntos, hasta la mitad del delantero.

Conviene señalar algunos aplomos en el cuello y en el escote de la prenda como referencia.

Probando por segunda vez

Cuando ya está la prenda con las costuras planchadas y bien preparadas, la probaremos de nuevo para corregir cualquier defecto que pudiera presentar.

Hay que fijarse en la holgura del cuerpo, mangas, redondeo del bajo, si necesita algún detalle complementario, etc. Pondremos las señales de los ojales y colocamos los bolsillos.

A pesar de ser importantes estos retoques, ahora como la prenda está casi como quien dice terminada, nos fijaremos en pequeños detalles que son los que hacen que la prenda quede perfecta.

Al encarar, podemos haber corrido un poco la tela, o al coser a máquina, y entonces necesitará que nos fijemos mucho, ya que al ser pequeñas cosas, cuesta más darse cuenta de ellas.

Cosido final de la prenda

Después de observar minuciosamente la prenda en la segunda prueba, se procede a terminar el cosido final con todo esmero.

El cuello lo coseremos siguiendo las instrucciones dadas al principio de este tema.

Después se pasa un pespunte por la enmangadura de la manga siguiendo la línea de hilván. Este cosido se hace siempre por el lado de la manga.

Cuando se trata de géneros gruesos, la costura de la enmangadura debe plancharse abierta y con los bordes sobrehilados. Y si se trata de géneros finos, los bordes se pueden sobrehilar juntos, planchando después la costura con el margen en dirección de la manga.

Por la cintura se pasa un pespunte cerca del borde de la falda, de forma que quede formando una pequeña pestaña.

El bajo se iguala, recortando tela por la parte que quede más ancho, con objeto de que quede con el mismo ancho por todo su alrededor. Después se hilvanar bien el bajo conviene plancharlo bien antes de coserlo.

También hay que colocar la cremallera o corchetes en la abertura del costado. Se cosen los botones, etc.

Todos los bordes de la costura deben estar sobrehilados, y a las costuras de forma curva, como por ejemplo, la sisa, se les suele hacer unos pequeños piquetes que evitarán forme arrugas la costura.

Terminada por completo la confección de la prenda hay que plancharla minuciosamente. Por último, se colocan las hombreras sujetándolas con un hilván corto. Estas deben forrarse con el mismo género de la prenda.

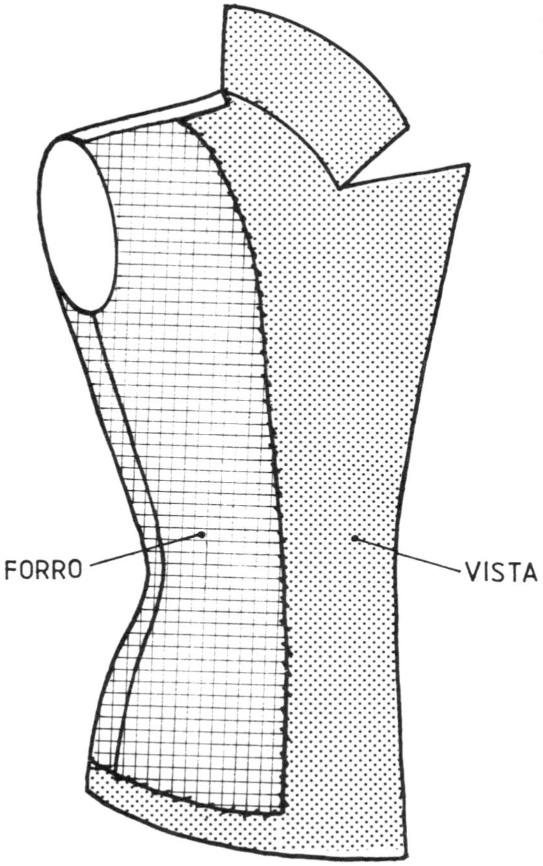

Figura 47. El forro debe llegar hasta el borde de las vistas.

FORRO —————   ——— VISTA

Normas para la colocación de forros

Hay prendas que van forradas, generalmente abrigos y chaquetas. Para colocar el forro es preciso que esté acabada por completo la prenda.

Para cortar el forro emplearemos los mismos patrones de la prenda, con objeto de que salga exactamente igual. Y si en la prueba hicimos alguna rectificación a la prenda, conviene rectificar también los patrones.

Si el delantero lleva vistas, el forro llegará hasta donde llegue el borde de las mismas. (Fig. 47).

Cortado el forro, se confecciona exactamente igual que la prenda. Cosidas todas las costuras, se plancha bien y se coloca sobre la prenda,

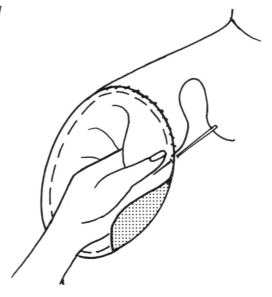

Figura 48. La enmangadura del forro se cose sobre el forro del cuerpo con un punto de lado.

encarando cada costura del forro con la de la prenda, sujetándolo bien con alfileres para que no se mueva.

Se pone el forro sobre los hombros, primero por la parte del delantero y después sobre la espalda. Conviene sujetar el forro a la prenda con un hilván sastre antes de coserlo definitivamente.

Los bordes de la sisa se hilvanan a la sisa del cuerpo. Después en el forro del delantero se marca un doblez y se hilvana sobre las vistas y en la espalda se hilvana a 1 cm del cuello.

El bajo del forro se hilvanará sobre la mitad del dobladillo de la prenda, marcando un doblez hacia adentro y dejándolo un poco más largo para que no tire. Una vez todo preparado se coserá con un punto de lado.

Las mangas se forrarán antes de montarlas en la prenda. El forro de la manga se hace igual que ésta, utilizando el mismo patrón. Para forrarla se vuelve del revés la manga y el forro, y se unen mediante un hilván las dos costuras de sangría, es decir la del forro sobre la de la manga. Una vez hilvanado de este modo, se vuelve la manga del derecho. El largo de la manga se dobla un poco hacia adentro y se hilvana a 1,5 cm sobre el dobladillo de la prenda, cosiéndose a punto de lado.

Una vez montada y cosida la manga a la prenda, se marcará un doblez en la enmangadura del forro y se hilvana alrededor de la sisa. Se cose a punto de lado, encogiendo, entre una y otra puntada, la tela que sobra. (Fig. 48).

9

Aplicación
de los patrones-tipo

Primer modelo de blusa

En este tema damos comienzo al estudio de las aplicaciones de los patrones-tipo, al corte y confección de modelos concretos de prendas.

Empezamos con las blusas, puesto que son prendas de fácil interpretación, escogiendo para su realización este sencillo, pero lindo modelo (Fig. 1).

El adorno del delantero consiste en una combinación de vainicas, pudiendo cambiar éstas, por entredós de encaje si se prefiere. Esto depende del gusto personal.

El patrón completo consta de las siguientes piezas: espalda, delantero, mangas, cuello y tira de cintura.

Lo primero que hay que hacer para cortar una prenda es tomar las medidas a la persona interesada, pero como estos modelos son de estudio, empleará para este primer modelo de blusa las siguientes medidas:

Ancho de espalda	36	cm
Largo de talle espalda	40	cm
Largo de talle delantero	42	cm
Altura de hombro	36	cm
Contorno de cuello	35	cm
Sisa (mitad de su vuelta)	18	cm
Contorno de pecho: 86 más 4	90	cm
Largo de manga (hasta el codo)	26	cm
Contorno de brazo: 24 más 6	30	cm
Contorno de cintura	66	cm

Vamos a hacerle una indicación referente a la medida de sisa. Esta medida conviene tomarla muy justa, sobre todo, para las prendas que suelen llevarse con poca ropa debajo, como por ejemplo: las blusas. En este caso, para que aún quede más justa la sisa, rebajaremos un centímetro a la medida de la mitad de su vuelta. Ejemplo: si a la mitad de la medida completa de sisa, corresponden 18 cm, rebajaremos un centímetro y marcaremos en el patrón 17 cm.

Trazado de la espalda

Como puede observar en la figura 2, la espalda de este modelo es completamente lisa.

Trazará pues, el patrón tipo corto recto que usted ya conoce muy bien.

Figura 1. Primer modelo de blusa

A la medida de sisa rebajará un centímetro como dijimos anteriormente.

Terminado el patrón-tipo, lo modificaremos entallando la cintura 2 cm, a fin de que no resulte con excesivo vuelo. El entalle lo haremos en la costura del costado marcando el punto M. A continuación hay que modificar la costura del costado trazando una nueva línea desde K a M. Este entalle que acabamos de dar a la espalda, no es el máximo que puede darse, pues para ello habría que reducir la línea de cintura a la cuarta parte de su vuelta, como recordará hicimos en los patrones-tipo entallados.

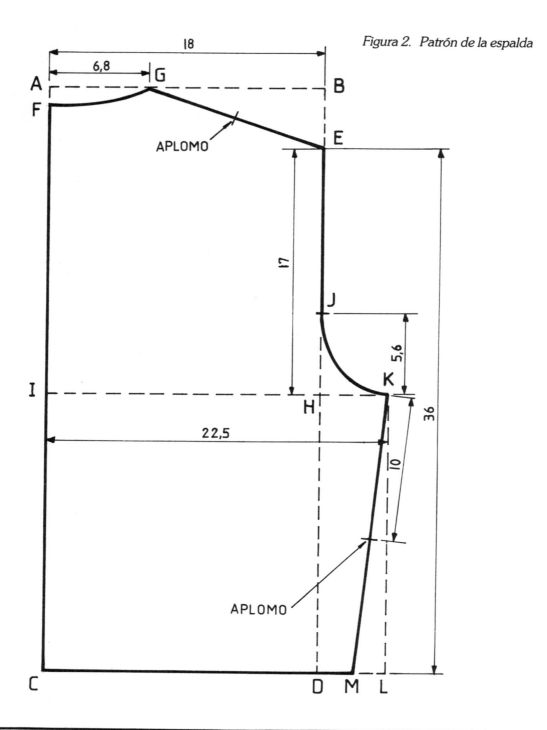

Figura 2. Patrón de la espalda

APLOMO

APLOMO

Trazado del delantero

Puesto que el delantero de este modelo no presenta otra particularidad que el adorno de vainicas, sin ningún corte en el interior, trazará usted el patrón-tipo recto.

Las medidas son las mismas que en la espalda, excepto la de largo de talle, que son, en este ejemplo, 42 cm.

Terminado el trazado del patrón-tipo, se entallan 2 cm, como hicimos en la espalda, desde L a M.

Como puede observar en la figura 3, el delantero es abierto hasta la cintura, y va abrochado con pequeños botones y ojales. Es necesario, por tanto, dar al patrón la anchura de cruce y vista.

Para ello, después de terminar el patrón, se prolongan las líneas BA y DC, con 2 cm para el cruce, señalando los puntos con las letras A_2 y C_2. A partir de estos puntos aumentamos 4 cm más para la vista, que nos servirá para recubrir la tela del cruce por la parte interior.

Unimos los puntos A_2 y C_2, mediante una recta paralela al centro del delantero, y desde los extremos de los 4 cm que dimos para la vista, se traza otra línea paralela a la anterior.

El espacio que queda entre A A_2 y C C_2, es lo que tiene que cruzar una parte del delantero sobre la otra.

Ahora hay que dibujar el escote en el cruce y en la vista. En el cruce, se dibuja en línea recta, desde F hasta F_2 (Fig. 3).

Para dibujar el escote de la vista, se dobla hacia adentro el patrón por la línea F_2 C_2, después se pasa fuertemente el lápiz o la ruleta de marcar por la curva del escote F_2 G, y de esta forma quedará señalado el escote en la vista, el cual perfilaremos después con el lápiz.

Trazado de la manga

Como se trata de una manga recta, trazaremos el patrón-tipo (Fig. 4).

Como recordará usted este patrón se traza sobre papel doble, de manera que el doblez del papel coincida con el centro de la manga.

Empezaremos trazando el ángulo recto ABC. Desde A a B pondremos el largo total de manga, que son 26 cm, porque, como puede observar en la figura 4, se trata de manga corta. Desde B a C hay que poner la medida de sisa, es decir, 17 cm.

Ahora se dobla el papel por la línea AB (centro de la manga), y se continúa trazando el resto del patrón.

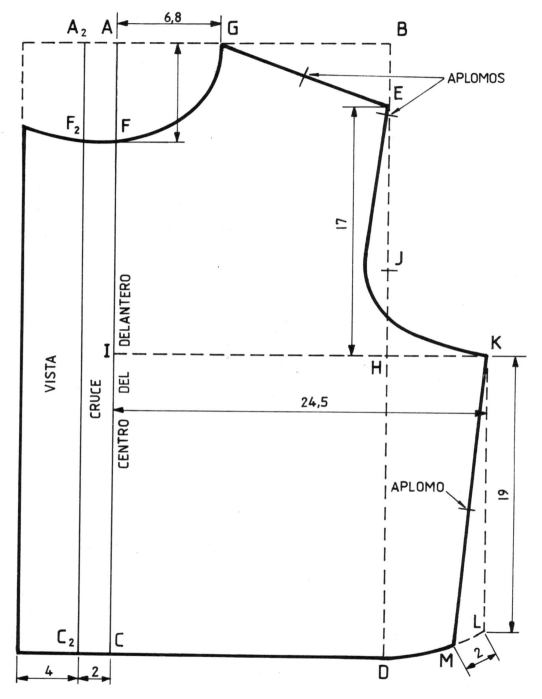

Figura 3. Patrón del delantero

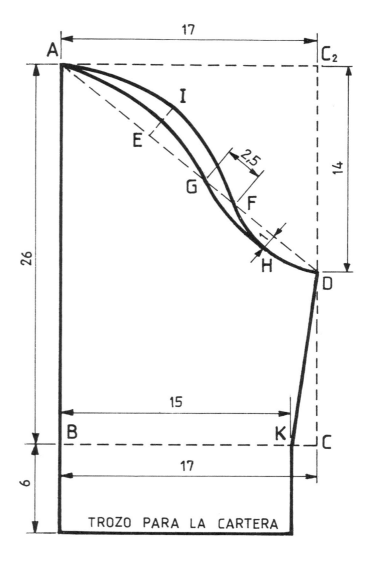

Figura 4. Patrón de la manga

Para esta manga, como es corta, no tomaremos la medida de sangría. Esta medida la utilizaremos, únicamente, para el patrón de manga larga, y el punto D se marcará de la siguiente forma:

Desde A se traza una línea paralela a la línea BC y con la misma medida de ésta, marcando al final el punto C_2, el cual lo uniremos con C.

Después pondremos desde C_2 en dirección a C, la medida de sisa, menos 3 cm, en este ejemplo son 14 cm, y se marca el punto D.

Desde B en dirección a C, pondremos la mitad del contorno de brazo, o sea, 15 cm, y señalaremos la letra K. Advertimos que como se trata de manga corta, no necesitamos tomar la medida de contorno de muñeca, sino la de contorno de brazo, aumentando a la medida completa 6 cm para holgura. La costura de sangría la obtendremos trazando una línea recta desde D a K.

Para dibujar la enmangadura seguiremos las instrucciones que dimos al estudiar el patrón-tipo de manga recta.

Para la cartera bajaremos 6 cm, desde B y K respectivamente (Fig. 4).

Trazado del cuello

Este patrón debe hacerse sobre papel doblado, con objeto de obtener el cuello completo al terminar el patrón (Fig. 5).

En primer lugar, hay que medir el escote completo de la prenda con la cinta métrica, y con la mitad de la medida completa, que en este ejemplo será de unos 17,5 cm, trazaremos el patrón.

Empezaremos trazando un ángulo recto sobre un trozo de papel sencillo, y señalaremos su vértice con la letra A. Desde A, hacia abajo, pondremos el ancho de cuello, 6 cm, marcando el punto C. La línea AC, es el centro del cuello, doblaremos por aquí el papel y continuaremos trazando el resto del patrón sobre papel doble.

Desde A hacia la derecha, se pone la mitad de la medida completa de escote, 17,5 cm y lo señalamos con la letra B. Después se traza desde C una línea paralela a AB y se marca el punto D. Este punto se une con B, debiendo haber entre BD la misma medida que entre AC, o sea, 6 cm (Fig. 5).

En el centro del cuello, desde C, se sube un centímetro trazando una nueva línea hasta D. Este centímetro se sube para dar forma al cuello.

En la figura 5, vea usted la forma redondeada que dará a la esquina exterior del cuello.

Tira de cintura

La tira de cintura, como puede ver en la figura 6, es un rectángulo que tiene de largo la medida del contorno de cintura, 66 cm, más 4 cm para el cruce, y de ancho le hemos dado 4 cm.

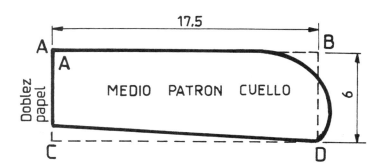

Figura 5. Patrón del cuello

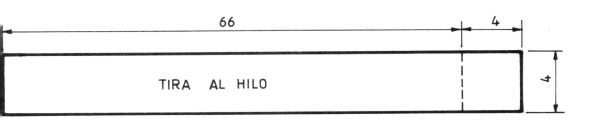

Figura 6. Tira para la cintura

Colocación de los patrones sobre el tejido

La espalda se coloca coincidiendo su centro con el doblez del tejido, con objeto de que salga completa al cortarla. El delantero irá sobre tela doble, con su centro al hilo, coincidiendo éste con los orillos del género. Las mangas se cortan también sobre tela doble. La tira de cintura la cortaremos por dos veces sobre la tela al hilo, apoyando su borde más largo sobre el doblez de la tela. El cuello también se corta sobre tela doble.

No debe olvidar que antes de cortar la tela ha de marcar el margen de costuras en todas las piezas.

En el capítulo 8 se explica de forma detallada la manera de colocar los patrones sobre la tela para cortar ésta.

Confección del modelo

Una vez cortadas todas las piezas, y pasados los hilos flojos por todas las marcas de costura para pasarlas en la otra mitad de la tela, recortaremos los hilos y comenzaremos el hilvanado de la prenda, empezando por los hombros y costados, debiendo estar encarado el derecho del delantero con el derecho de la espalda, y haciendo coincidir los aplomos que habrá marcado.

El centro de los delanteros se doblarán hacia adentro por la línea A_2 C_2, o sea, borde del cruce.

Después se recoge un ligero frunce por la cintura hasta dejarla con la misma medida que la tira, y se hilvana ésta al cuerpo de la misma forma que se cosen los puños camiseros. (Explicación en el capítulo 7).

Colocaremos a continuación la manga derecha, y efectuaremos la primera prueba. Ténganse presentes las instrucciones que dimos en el capítulo 8 sobre la prueba de la manga (fruncido y embebido de la enmangadura).

Las rectificaciones, como ya sabe, se harán en el lado derecho y éstas las pasaremos después al lado izquierdo por medio de contramarcas.

Efectuada la prueba, volveremos a hilvanar por las nuevas marcas de las rectificaciones, y a continuación coseremos todas las costuras a máquina.

El cuello lo confeccionaremos aparte y después lo hilvanaremos al escote de la prenda para efectuar la segunda prueba.

Coseremos la costura de sangría de la manga, y la hilvanaremos por la enmangadura a la sisa del cuerpo.

La cartera que lleva la manga, se doblará hacia afuera; y, si la tela es distinta por el revés, se hará doble la cartera con objeto de poderla forrar por el derecho.

Después de cosidas todas las costuras y con las dos mangas colocadas, efectuaremos la segunda prueba de la blusa.

Después de observar minuciosamente todos los detalles, si no necesita rectificación, realizaremos el cosido final de las mangas, cuello, etc... y se sobrehilan todas las costuras.

Por último, se plancha bien toda la blusa después de colocar los botones.

Antes de efectuar el armado de la prenda, hay que hacer en los delanteros el adorno de las vainicas.

Segundo modelo de blusa

Este sencillo modelo, de estilo «sport», puede llevarse indistinta-
mente por dentro o encima de la falda (Fig. 7).

El delantero es abierto por el centro, y el cuello forma solapa.

En el delantero izquierdo lleva un bolsillo plastrón con cartera.

*Figura 7. Segundo modelo de
blusa, con cuello en forma de
solapa*

Trazado de la espalda

Empezaremos trazando el patrón-tipo corto recto, empleando las mismas medidas del ejemplo anterior.

Terminado el patrón-tipo, lo alargaremos desde la cintura 11 cm, marcando los puntos C_2 L_2 (Fig. 8).

A continuación lo entallaremos en la costura del costado, y por medio de una pinza en la cintura. Para esto necesitamos hallar los centímetros que hay de diferencia entre la cuarta parte del contorno de pecho y la cuarta parte de la vuelta de cintura. En este ejemplo serán: 22,5 cm, menos 16,5 cm, total 6 cm, los cuales repartiremos por partes iguales entre la costura del costado y la pinza.

Entallaremos, pues, 3 cm desde L, señalando el punto con la letra M. Después se traza la línea del costado desde K a M, y desde este punto hasta L_2.

La pinza se dibujará en la mitad de la línea C M, con una largura de 10 cm en la parte superior y 8 en la inferior. De profundidad le daremos 3 cm, o sea, 1,5 cm a cada lado del centro. Observe en la figura 8 el entalle de este patrón.

Trazado del delantero

Trazaremos en primer lugar el patrón-tipo corto con pinza.

Como puede usted observar en la figura 9, la pinza del costado es algo más larga que en el patrón-tipo. El punto U no lo marcaremos en la línea H D, sino 2 cm más adentro.

La pinza del hombro la dibujaremos exactamente igual que en el patrón-tipo.

Como recordará usted, el punto E se marca con la medida de altura de hombro, desde D, o también midiendo en el patrón de espalda la distancia BE y colocándola en el patrón delantero desde B, hacia abajo.

Después ensancharemos el hombro 4 cm, marcando el punto E_2 y trazaremos la línea del hombro desde G hasta E_2, sin pasar por el punto E que quedará más bajo.

Recuerde que el punto P de la pinza del hombro debe quedar a 4 cm de G (Figura 9).

Para adaptar este patrón-tipo al modelo, lo modificaremos alargándolo 11 cm desde los puntos C y L como hicimos en la espalda.

Después haremos el entalle de 8 cm, repartidos entre la costura del costado y la pinza de la cintura. Desde L hacia adentro pondremos 3 cm

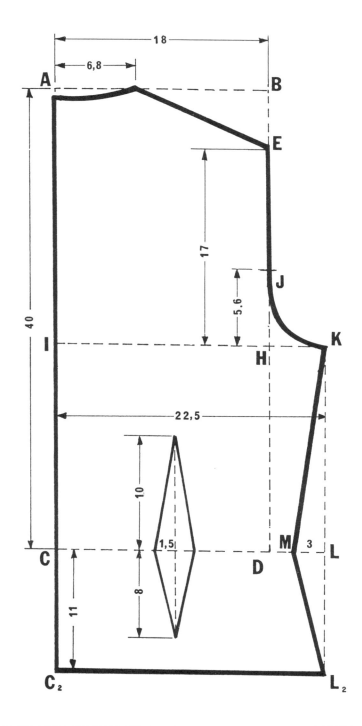

*Figura 8. Patrón de espalda
entallado*

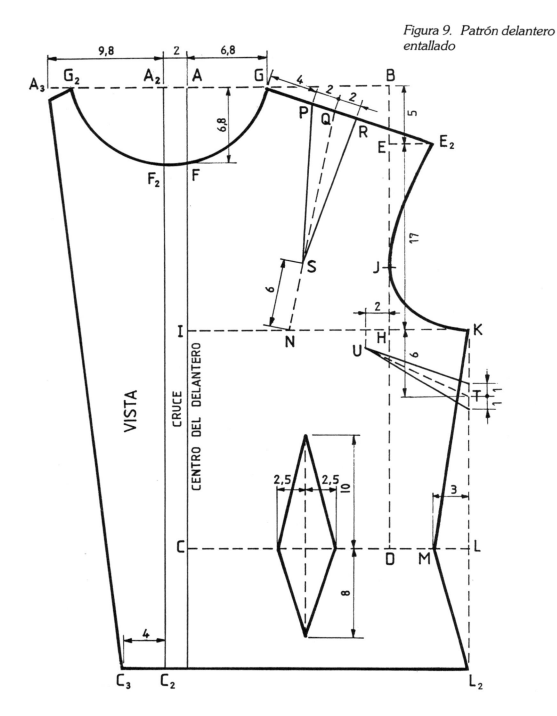

Figura 9. Patrón delantero entallado

y marcaremos el punto M. Ahora dibujaremos la costura del costado desde K a M, y desde M a L_2.

Para la pinza de la cintura marcaremos un punto en el centro de la destancia C M, y dibujaremos desde este punto una línea hacia arriba y hacia abajo, con una largura de 10 cm en la parte superior y 8 en la inferior.

De profundidad a la pinza pondremos 5 cm en total, marcando 2,5 cm a cada lado del punto central.

Ahora necesitamos dar al patrón 2 cm, para el cruce ya que se trata de delantero abierto. Así es que alargaremos la línea BA 2 cm, señalando el punto A_2. En la línea del bajo haremos igual, señalaremos el punto C_2 a 2 cm. La línea A_2 C_2 será el borde del cruce. La curva del escote la prolongaremos desde F a F_2.

La vista, como puede observar en la figura 9, no es igual que en el primer modelo de blusa. Recordará usted que pusimos para la vista 4 cm, es decir, el doble de la medida del cruce. Pero dicho modelo carecía de solapas y en cambio, el modelo presente las tiene y necesita, por tanto, mayor anchura la vista. La medida que se suele dar en tal caso, es la medida de la anchura de escote, más la de cruce, más un centímetro.

Como en esta blusa el escote mide 6,8 cm y el cruce 2 cm, la medida que daremos a la vista será pues, 6,8 cm, más 2 cm, más 1 cm, en total 9,8 cm.

Hecho este cálculo, trazaremos la vista, para lo cual prolongaremos la línea B A_2, señalando esos 9,8 cm, desde A_2 con el punto A_3. También el bajo lo prolongaremos, pero bastará que pongamos el doble del cruce, es decir, 4 cm. Esos 4 cm los señalaremos desde C_2, hacia la izquierda, con el punto C_3. Unimos este punto con A_3 mediante una línea, que será el borde de la vista.

Para dibujar la línea de escote en la vista, doblaremos el patrón por el borde del cruce, o sea, línea A_2 C_2, y después pasaremos fuertemente el lápiz o la ruleta por la curva G F_2, quedando señalada en la vista la curva F_2 G_2, que después perfilaremos con el lápiz. Desde G_2 trazamos una línea ligeramente inclinada hasta el borde de la vista, como se ve en la figura 9.

Trazado de la manga

Como puede usted ver en la figura 10, este patrón de manga es exactamente igual que el patrón-tipo de manga recta del capítulo 2. Las medidas que emplearemos son las siguientes.

Largo total de la manga .... 55 cm
Sisa: 18 − 1 .... 17 cm
Largo de sangría .... 41 cm
Contorno de muñeca: 15 + 6 .... 21 cm

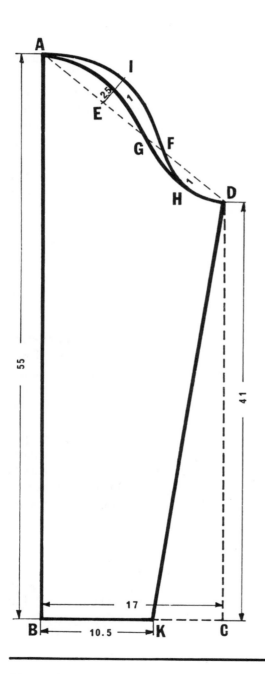

Figura 10. Patrón de la manga

A la medida de sisa hemos rebajado 1 cm como hemos hecho en el patrón de espalda y delantero. Al contorno de muñeca hemos dado 6 cm de holgura, o sea, 2 cm más que en la manga recta de la lección 2.

Empezamos trazando el patrón con las líneas AB y BC, formando un ángulo recto.

Desde A a B, pondremos el largo total de la manga, 55 cm y desde B a C la medida de sisa, 17 cm.

Recordará usted que este patrón se traza sobre papel doblado, debiendo coincidir la línea AB, con el doblez del papel.

Desde C hacia arriba, pondremos la medida de sangría que en este caso son 41 cm, marcando el punto D.

Después dibujaremos una línea «auxiliar» desde A a D, la cual la dividiremos en tres partes iguales con los puntos E y F. Desde F en dirección a A, pondremos 2,5 cm con el punto G.

Marcaremos después un punto en medio de la distancia FD, desde el cual bajaremos un centímetro con el punto H. Desde E se suben 2,5 cm con el punto I.

Ahora se dibuja la enmangadura delantera; como ya sabe, empieza en A, pasa a 1 centímetro por debajo de I, después pasa por G y H y termina en D.

La enmangadura trasera empieza también en el punto A, pasa por I, F y H y termina en D.

Por último marcaremos la medida de muñeca, desde B hacia C, poniendo la mitad de la medida del contorno de muñeca, 10,5 cm, y señalando el punto K. La costura de sangría la dibujaremos desde D a K.

Trazado del puño

El patrón del puño de esta blusa es un rectángulo que mide 6 cm de ancho por 19 de largo, es decir, la medida del contorno de muñeca más 4 cm. Al puño damos 2 cm menos de holgura que a la manga (Fig. 11).

Figura 11. Patrón del puño

235

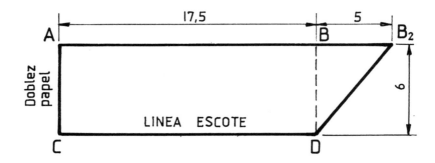

Figura 12. Patrón del cuello

Lo cortaremos sobre papel doblado con objeto de obtener el patrón entero al cortarlo.

Trazado del cuello

En primer lugar mediremos el escote completo sobre la prenda, en este ejemplo son 35 cm. Después, sobre un papel doblado efectuaremos el patrón, con objeto de obtener el cuello completo.

Empezaremos realizando un ángulo recto, y señalamos el vértice con la letra A (Fig. 12).

Desde A, hacia abajo, pondremos el ancho de cuello, 6 cm y señalamos el punto con la letra C. La línea AC, o centro del cuello, debe coincidir con el doblez del papel.

Desde A, hacia la derecha, se pone la mitad de la medida de escote que acabamos de tomar en la blusa, y señalamos el punto con la letra B. Después se traza desde C una línea paralela a AB y con su misma medida. Unimos los puntos B y D y nos queda formado un rectángulo.

Después prolongaremos 5 cm la línea AB y señalamos el punto con la letra B_2, el cual uniremos con D, y así queda terminado el patrón del cuello.

Trazado del bolsillo

Trazaremos un rectángulo de 10 cm de alto por 10 de ancho y señalamos los vértices con las letras ABCD.

Después se suben 4 cm desde A y B para la cartera.

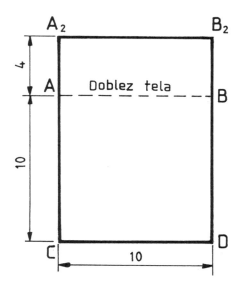

Figura 13. Patrón del bolsillo

Figura 14. El patrón del cuello se coloca desdoblado sobre la tela y antes de cortarlo se señala el margen para las costuras.

Colocación de los patrones sobre el tejido y confección del modelo

Todas las piezas de este modelo se cortan al hilo sobre tela doble. La espalda se coloca coincidiendo su centro con el doblez del tejido. Las mangas se cortan también al hilo sobre tela doble. El cuello hay que cortarlo de la forma indicada en la figura 14, es decir, con el patrón del cuello desdoblado.

No olvide que hay que dejar margen de costuras en todos los patrones.

La confección de este modelo es muy sencilla.

Después de pasados los hilos flojos se recortan y comenzamos el hilvanado, empezando por las pinzas, y después uniendo la espalda con el delantero por la parte de los hombros y costados.

A continuación prepararemos la manga derecha, hilvanando la costura de sangría y el puño. (En el capítulo 7 se dan las instrucciones necesarias para la colocación de los puños camiseros).

Hilvanada la blusa, efectuaremos la primera prueba en la forma que ya sabe.

Si en la segunda prueba no necesita rectificación, realizaremos el cosido definitivo de las mangas, pasando un pespunte por la sisa; también coseremos el cuello y el bolsillo, el cual lo colocaremos a la altura que nos guste, al coserlo dejaremos una pequeña pestaña por todo su alrededor. El cuello lo coseremos con arreglo a las instrucciones dadas en el capítulo anterior.

Los ojales pueden ser de hilo o de tela.

El bajo de la blusa lo remataremos con un dobladillo estrecho. Por último, coseremos los botones y daremos un planchado a toda la blusa, quedando así terminado el modelo.

Bata de casa

Esta bata es muy linda pero, sobre todo, práctica para estar en casa. El delantero es abierto de arriba abajo, y va abrochado con botones y ojales (Fig. 15).

Como puede usted apreciar en el dibujo del modelo, el escote es cuadrado. Lleva un cuellecito de piqué blanco y los bolsillos también están adornados con una tira de piqué. La falda es de forma acampanada.

Para este modelo emplearemos las medidas siguientes:

Ancho de espalda	37 cm
Largo de talle espalda	42 cm
Largo de talle delantero	44 cm
Altura de hombro	37 cm
Contorno de cuello	36 cm
Sisa (mitad de su vuelta)	18 cm
Contorno de pecho: 90 + 4	94 cm
Cintura	73 cm
Vuelta de cadera: 94 + 4	98 cm

Altura de cadera .... 18 cm
Largo de falda .... 61 cm
Largo de manga .... 25 cm
Contorno de brazo: 24 + 4 .... 28 cm

Ya dijimos que la medida de sangría no es necesaria para trazar el patrón de manga corta.

Figura 15. Modelo de bata de casa

Trazado del cuerpo

Patrón de espalda

Primero se traza el patrón-tipo de espalda recta, y para transformarlo después, en la espalda del modelo, hará lo siguiente:

Calcule la diferencia que hay entre la línea de pecho I K, o sea, la cuarta parte de la vuelta de pecho, y la cuarta parte de la vuelta de cintura. Serán 23,5 cm, menos 18 cm, total 5,5 cm, de los cuales bastará entallar 5 cm repartidos entre la costura del costado y una pinza en la cintura, que se colocará en la mitad de la distancia C M. Entallará 3 cm en el costado y 2 cm en la pinza, dando a ésta una largura de 10 cm (Fig. 16).

Patrón del delantero

Empezará trazando el patrón-tipo de delantero con pinza en el hombro y después lo transformará como hizo con la espalda.

El escote como puede ver en la figura 17 hay que dibujarlo distinto que los anteriores para que resulte cuadrado. De anchura le pondrá igual que en la espalda, o sea, 7 centímetros, en cambio de bajada hay que poner doble medida que de ancho, es decir, 14 cm. Después bajará desde G una línea paralela a la AF, y desde F se traza otra paralela a la línea A G, encontrándose con la otra línea en un punto que llamaremos G_2.

En la cintura se ponen dos pinzas, o sea, una más que en la espalda porque tenemos que rebajar los 2 cm que aumentamos a la línea de pecho, puesto que se trata del delantero.

La primera pinza la pondremos a 8 cm de la línea del centro, es decir, a partir de C, y entre las dos pinzas se deja una distancia de 6 cm, siendo la profundidad de estas pinzas de 2 cm y la largura de 10 cm (Fig. 17).

Ahora hay que hacer una pequeña modificación, porque el delantero es abierto y tiene que cruzar para poder abrocharlo.

Para este cruce alargaremos los puntos F y C, hacia afuera, 2 cm señalando los puntos F_2 y C_2. Después se dibuja una línea desde F_2 a C_2 paralela a la línea del centro.

A continuación dibujaremos la vista, para lo cual alargaremos 4 cm los puntos F_2 y C_2, o sea, el doble que la medida del cruce. Ya dijimos que la vista es para que el cruce quede doble, y de esta forma, los ojales y botones van confeccionados en tela doble.

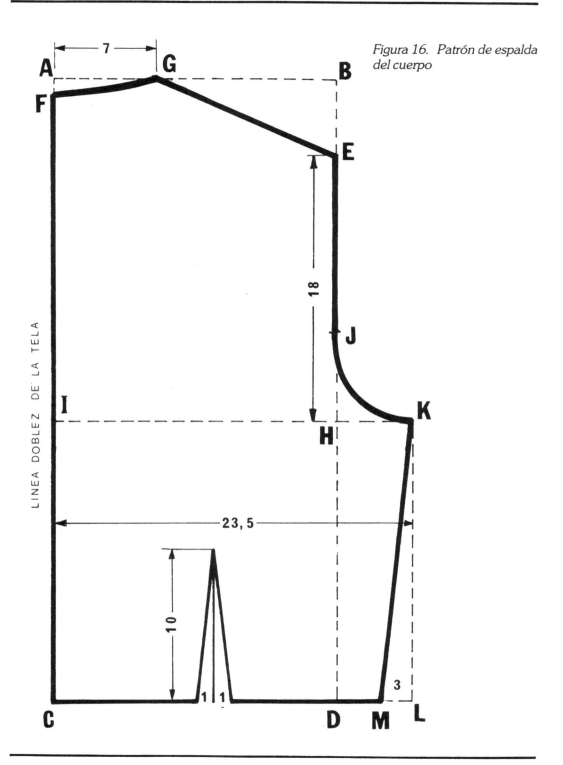

Figura 16. Patrón de espalda del cuerpo

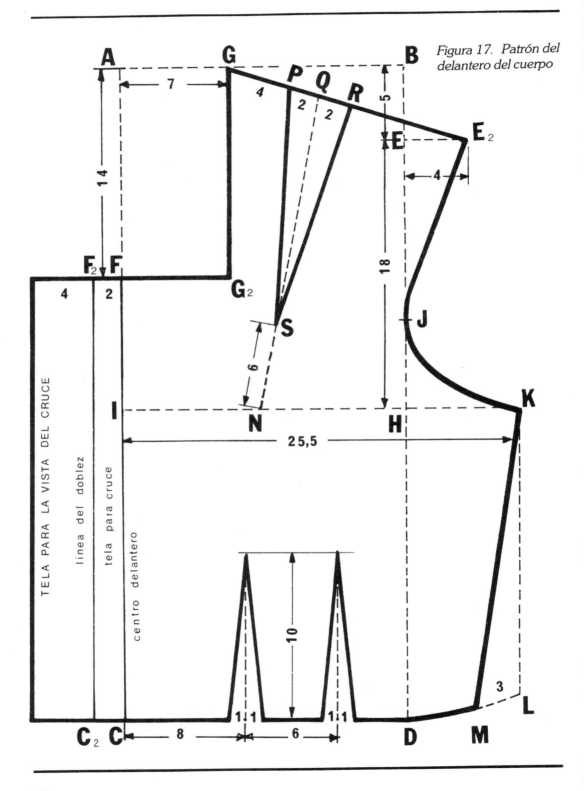

Figura 17. Patrón del delantero del cuerpo

Como el escote es cuadrado, el cruce y la vista se dibujan en línea recta desde F.

Trazado de la manga

El patrón de la figura 18 es de manga recta corta, pero lleva vuelo en la enmangadura. La forma de aumentar el vuelo es la siguiente:

Desde A se sacan 2 cm hacia afuera y otros 2 cm hacia arriba, marcando el punto A_2. Como puede usted observar en el dibujo, el centro de la manga queda desviado de la línea A B, por lo tanto es

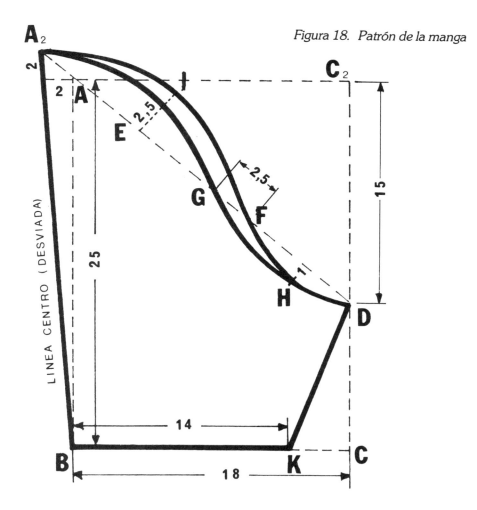

Figura 18. Patrón de la manga

necesario trazar este patrón sobre papel simple, y después de terminado se calca sobre papel doble, debiendo coincidir la línea A_2B con el doblez del papel.

Para dibujar la enmangadura y la costura de sangría se traza desde A una línea paralela a B C y con su misma medida, marcando el punto con la letra C_2.

El punto D se marca como ya se sabe, con la medida de sisa menos 3 centímetros desde C_2.

Después pondremos desde C_2, en dirección a C, la medida de sisa, menos 3 cm y señalamos el punto con la letra D.

Recuerde que para la manga corta no se toma la medida de sangría, por eso marcamos de esta forma el punto D.

Ahora trace una línea desde A_2 a D para dibujar la enmangadura (Fig. 15).

Trazado de la falda

Patrón de la trasera

La falda de este modelo es de forma acampanada, parecida a la media capa, que aún no ha estudiado usted, pero con menos vuelo.

Para su trazado hay que dibujar primero el patrón de falda recta sin pinza y sin la bajada de escote en la cintura (Fig. 19). La línea del costado F B tampoco es necesario dibujarla, puesto que, hay que transformar el patrón de la manera siguiente: Desde B se traza una línea recta hasta G, la línea B G será el centro de la falda.

Después se marca el punto H en la mitad de la distancia A B, línea de cintura. Desde H se baja una línea hasta el bajo y marcaremos el punto I. La línea H I es paralela de A C.

Después se recorta el patrón por todo su contorno y se abre en dos partes, cortando por la línea H I, procurando no cortar hasta arriba, sino un poquito más abajo del punto H, a fin de que no se separen del todo las dos piezas. (Fig. 20).

La forma de colocar estos patrones sobre la tela la explicaremos después.

Patrón del delantero

Este patrón es exactamente igual que el de la espalda, pero invertido, es decir, lo que estaba a la derecha pasa a la izquierda y lo de la izquierda a la derecha, tal como se ve en la figura 21.

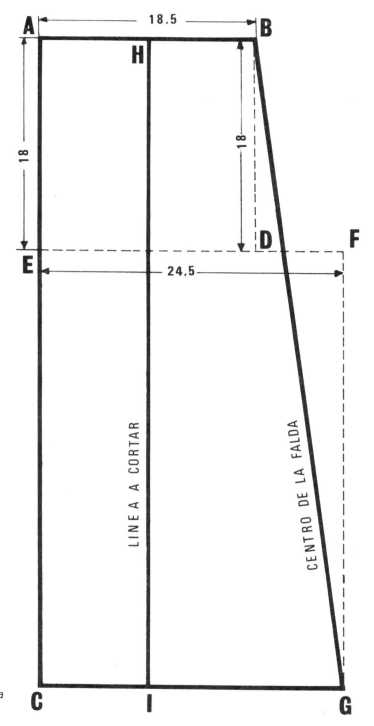

Figura 19. Patrón de la trasera de la falda

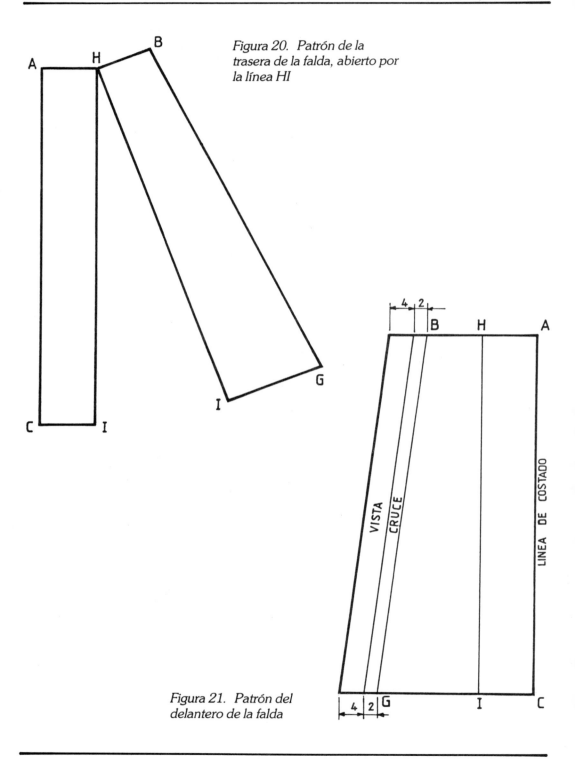

*Figura 20. Patrón de la
trasera de la falda, abierto por
la línea HI*

*Figura 21. Patrón del
delantero de la falda*

Como el delantero va abierto hemos de aumentar 2 cm para el cruce y 4 cm para la vista. Este aumento se hace desde B y G, ya que la línea BG la pondremos para el centro de la falda y la línea AC para el costado.

Después se recorta por todo su contorno, como en el patrón de espalda, y se abre en dos partes por la línea HI, pero sin llegar el corte al punto H. Los bordes del bajo se pueden separar tantos centímetros como se desee dar de vuelo a la falda (Fig. 22).

Trazado del cuello

El patrón del cuello es de fácil interpretación. Se dibuja exactamente igual que se ve en la figura 23.

En las líneas AC y BD, hay que poner la mitad de la medida completa de escote. Recuerde que esta medida se toma sobre la prenda. En este modelo hay que medir hasta G_2 (Fig. 17) por tratarse de escote cuadrado, ya que como puede observar por el modelo de la figura 15, el cuello llega hasta la esquina interior del escote.

Desde B, se sube un centímetro para dar forma al cuello y se une este punto con la letra D.

Trazado del bolsillo

El bolsillo dibújelo de la misma forma como se ve en la figura 24 y con sus mismas medidas.

Colocación de los patrones sobre el tejido

Todas las piezas de este modelo van cortadas al hilo sobre tela doble.

En los patrones del cuerpo, la espalda se coloca, coincidiendo su centro, línea AC, con el doblez de la tela, para así obtener la espalda completa. El delantero también se corta sobre tela doble, coincidiendo el borde de la vista con los orillos de género.

Las mangas hay que cortarlas sobre tela doble para obtener las dos exactamente iguales.

En los patrones de la falda, la parte trasera se coloca sobre la tela con el patrón invertido, es decir, lo que estaba a la derecha pasa a la izquierda y lo que estaba a la izquierda pasa a la derecha.

La línea BG debe coincidir con el doblez de la tela, sujetando esta parte del patrón con alfileres. Después se irán separando por abajo los

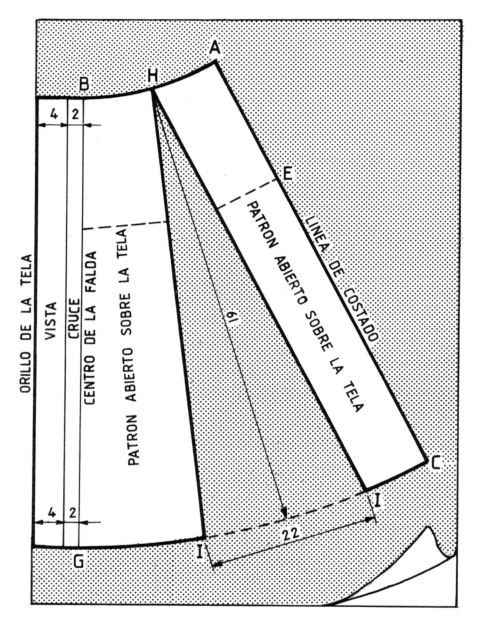

Figura 22. Patrón del delantero de la falda, cortado por la línea HI y colocado ya sobre la tela

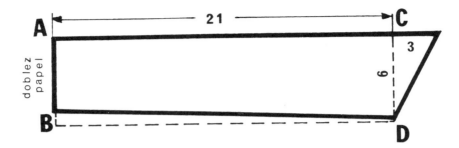

Figura 23. Patrón del cuello

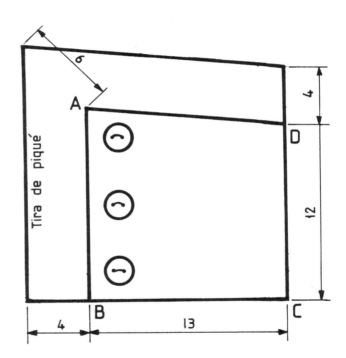

Figura 24. Este modelo de bolsillo, antes de cortarlo sobre la tela, tiene que recortarlo por la línea BAD, para cortar aparte la tira de piqué

dos bordes del corte HI hasta que queden separados entre sí unos 22 cm, como se ve en la figura 25.

Estos bordes se pueden separar tantos centímetros como se desee dar de vuelo a la falda, procurando, desde luego que la línea de cadera no quede con menos medida de la debida, o sea cuarta parte del contorno de cadera.

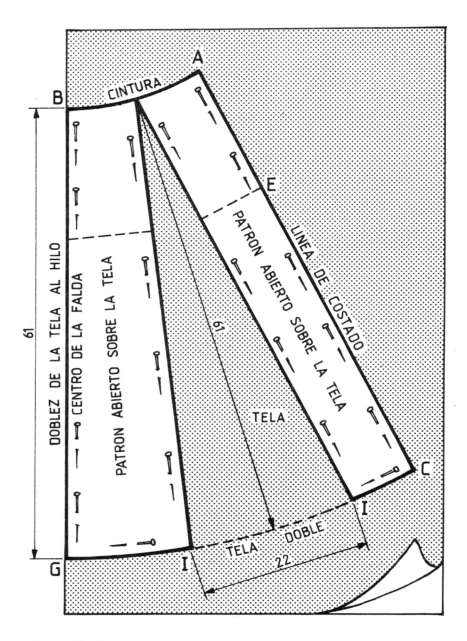

Figura 25. Patrón de la
trasera de la falda, colocado
sobre la tela

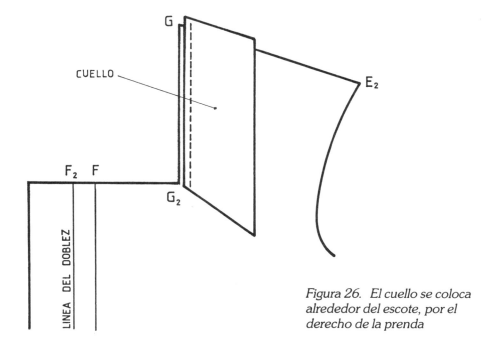

CUELLO

G

E_2

F_2 F

G_2

LÍNEA DEL DOBLEZ

Figura 26. El cuello se coloca alrededor del escote, por el derecho de la prenda

Para dibujar la línea del bajo hay que señalar el largo de falda desde el punto H de la cintura. Con los 61 cm del largo de falda se señala un punto en el bajo, por el cual haremos pasar la curva que dibujaremos desde G hasta C (Fig. 25).

Al abrir los trozos, observará usted que la cintura queda curva, siendo esta la forma que debe tener.

El patrón del delantero se corta igual que la trasera, pero haciendo coincidir el borde de la vista con los orillos del género. Vea en la figura 22 la forma de colocar este patrón sobre la tela.

El bolsillo, tal como está dibujado en la figura 24, antes de cortarlo sobre la tela, hay que separar en el patrón la tira que lleva de piqué. Esta tira se recorta siguiendo la línea BAD.

El cuello se corta sobre tela doble y una vez hecho y planchado se monta sobre el escote, por el derecho de la prenda, tal como se ve en la figura 26. Se hilvana todo alrededor, procurando que vaya de esquina a esquina del escote.

Para rematar el escote cortaremos una tira de tela, que tenga la misma forma del escote y se coloca alrededor del mismo y por encima del cuello, poniendo derecho con derecho y coincidiendo el hilván de la tira con el que hicimos para el cuello.

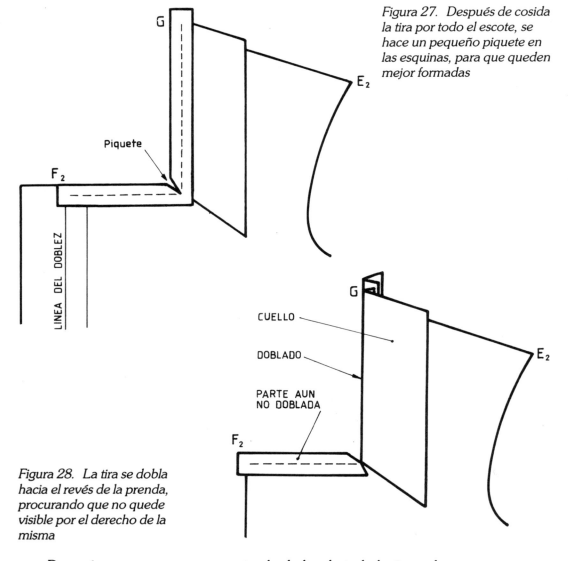

Figura 27. *Después de cosida la tira por todo el escote, se hace un pequeño piquete en las esquinas, para que queden mejor formadas*

Figura 28. *La tira se dobla hacia el revés de la prenda, procurando que no quede visible por el derecho de la misma*

Después pasaremos un pespunte alrededor de toda la tira y daremos un piquete en las esquinas, llegando el corte muy cerca de la costura para poder doblar fácilmente la tira (Fig. 27).

A continuación damos vuelta a la tira, hacia dentro, y en la parte que corresponde al cuello se gira igualmente, quedando debajo de la tira el borde interior del cuello (Fig. 28). Se hilvana de nuevo la tira por el revés de la prenda, y se plancha cuidadosamente. Después de planchada se remata con un punto de lado, procurando que no se vean las puntadas por el derecho de la tela.

10

Diferentes
modelos de faldas

Para realizar los patrones de las faldas que a continuación estudiaremos, vamos a emplear las siguientes medidas:

Vuelta de cintura .... 65 cm
Altura de cadera .... 19 cm
Contorno de cadera: 95 más 4 .... 99 cm
Largo total .... 64 cm

Falda de media capa

Como puede usted observar en la figura 1, se trata de una falda de bastante vuelo.

Su trazado es sencillo, .es emplearemos, para ello, el patrón de la falda recta que usted ya conoce muy bien, pero con pequeñas variaciones que indicamos a continuación.

A la línea de costado no damos la forma que en el patrón-tipo, sino que simplemente la dibujaremos desde B a F sin necesidad de marcar el punto H. (Fig. 2).

Tampoco escotamos la cintura. Y en el centro de la línea AB, señalaremos un punto con la letra I, desde el cual se baja una línea paralela a AC, terminando en el bajo con un punto llamado J.

El trazado de este patrón hay que hacerlo sobre papel doble, con objeto de obtener dos patrones iguales, y hará coincidir la línea AC (centro de la falda), con el doblez del papel. Terminado el patrón se recorta y se parte por la línea IJ, dejando unidos ambos trozos por el punto I, donde dejará como medio centímetro sin cortar. Debido a que el trazado lo ha hecho sobre el papel doble para obtener dos patrones iguales, hay que separarlos por la línea AC.

Ahora, para transformar estos dos patrones-tipo de falda recta en la falda media capa, hará lo siguiente:

En otro trozo de papel dibujará usted un ángulo recto, marcando su vértice con el punto X (Fig. 3). Tenga en cuenta q ie los lados del ángulo han de ser más largos que la falda.

A continuación dividirá el ángulo recto en dos partes iguales, para lo cual hará usted lo siguiente: Desde el punto X, hacia la derecha y hacia abajo, marque dos distancias de unos 40 cm con los puntos Y y Z, tal como se ve en la figura 3; después trace una línea uniendo estos puntos.

*Figura 1. Modelo de falda de
media capa.*

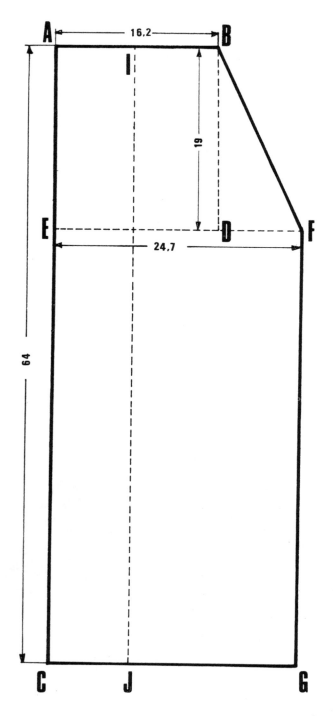

Figura 2. Patrón-tipo de falda recta con algunas variaciones.

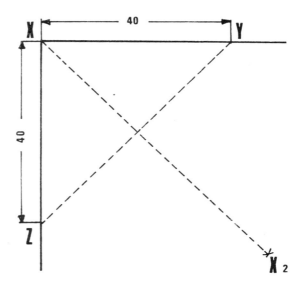

Figura 3. Para transformar el patrón de falda recta en falda de media capa, se traza un ángulo recto, cuyos lados serán algo más largos que la falda.

En la mitad de la distancia de la línea YZ se señala un punto, por el cual hará pasar después una recta que trazará desde X, terminando en otro punto que llamaremos X_2. La línea X-X_2 será de la misma largura que uno de los lados del ángulo. Como puede observar en el dibujo, esta línea que acaba de trazar divide en dos partes iguales el ángulo recto.

A continuación se colocan sobre el ángulo recto los dos patrones que dibujó anteriormente de falda recta, de forma que la línea AC, o sea, centro de la falda, coincida con un lado del ángulo, y los puntos BF, con la línea X X_2, quedando los dos patrones en la posición que se indica en la figura 4, o sea, abiertos por la línea IJ y separados por la línea del costado FG.

El bajo lo dibujará en forma curva, siguiendo la línea de los patrones como se ven el dibujo. La curva de la cintura la perfilará de la misma forma que el bajo, es decir, siguiendo el borde del patrón.

Colocación del patrón sobre la tela

La forma de colocar el patrón sobre la tela se indica en la figura 5. Como puede observar, la tela se dobla al contrahilo, y uno de los bordes del patrón lo hará coincidir con el doblez del género, mientras que el otro borde coincide con el orillo del género.

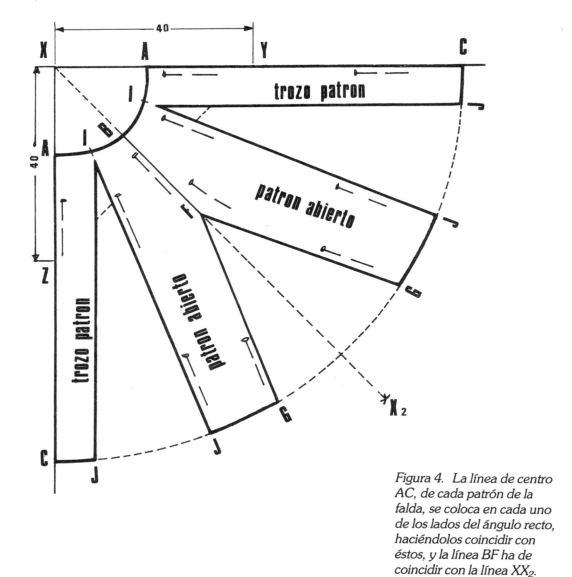

Figura 4. *La línea de centro AC, de cada patrón de la falda, se coloca en cada uno de los lados del ángulo recto, haciéndolos coincidir con éstos, y la línea BF ha de coincidir con la línea XX₂.*

Terminada la falda queda con una sola costura que podrá colocar en el costado o donde desee.

Cuando la tela no dé suficiente anchura, es necesario añadir en una esquina del bajo un trazo, y antes de cortar definitivamente sobre la tela hay que coser y planchar la costura de dicha pieza. (Fig. 5).

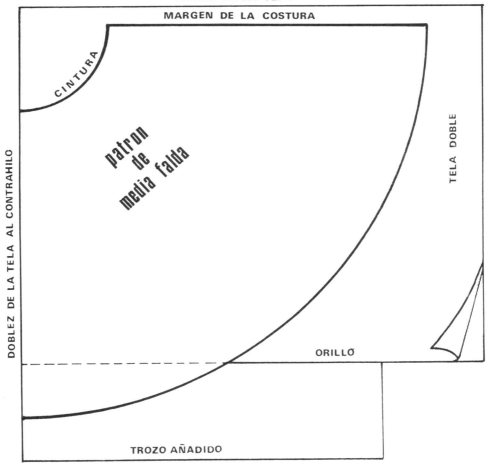

ORILLO DE LA TELA

MARGEN DE LA COSTURA

CINTURA

patrón de media falda

DOBLEZ DE LA TELA AL CONTRAHILO

TELA DOBLE

ORILLO

TROZO AÑADIDO

Figura 5. Después de recortado el patrón se colocar sobre la tela, haciendo coincidir uno de los bordes del patrón con el doblez de la tela y el otro borde con el orillo de la misma.

Falda de capa entera

Esta es la falda de mayor vuelo y, para su trazado, empleamos los dos patrones-tipo del modelo anterior.

Para transformar los patrones-tipo se colocan sobre otro papel en el que habremos dibujado dos ángulos rectos, en lugar de uno solo como en la falda de media capa (Fig. 6). Estos dos ángulos rectos tendrán un lado común XX$_2$, sobre el cual se hará coincidir la línea BF de cada patrón. El punto A deberá llegar hasta el otro lado de cada ángulo, formando así la línea de cintura, la cual una vez se haya dibujado el patrón se perfila, debiendo quedar con una forma curva pefecta (Fig. 6).

Recuerde que los lados de los ángulos deben ser bastante largos, o sea, de mayor medida que el largo total de la falda.

Si la tela es suficientemente ancha, esta falda podría cortarse entera, es decir, sin ninguna costura. Para esto, bastaría colocar el patrón de forma que los bordes rectos coincidieran con el doblez de la tela al hilo.

Pero, generalmente, la tela no tiene suficiente anchura y es necesario añadir unos trozos en el bajo, como indicamos en el modelo anterior.

También se puede colocar el patrón sobre dos telas, coincidiendo los bordes con los orillos del género, dejando un pequeño margen de costuras. (Fig. 7).

En este caso, la falda resulta con dos costuras.

Falda acampanada

Ocurre, a veces, que deseamos hacer una falda con el mismo vuelo de un modelo que nos ha gustado.

En este caso, no podemos emplear el patrón de capa que acabamos de estudiar, por la razón de que en la falda de capa ignoramos qué vuelo va a resultar en el bajo, y nosotros deseamos hacerla con la medida exacta de aquella que hemos visto.

Esto que parece un problema complicado, podemos solucionarlo sencillamente de la forma siguiente: Mediremos la mitad del contorno del bajo de aquella falda que deseamos hacer. Supongamos que mide 90 cm.

Dibujaremos después en un trozo de papel un rectángulo que mida de ancho la mitad de la vuelta de cintura, y de largo, el de falda, y marcaremos los puntos AB y CD, de la forma acostumbrada (Fig. 8).

A continuación hallaremos la tercera parte de la línea CD, y el resultado lo marcaremos desde C en dirección a D, señalando la letra E. Igual medida pondremos desde D en dirección a C, señalando el punto F. Después trazaremos una línea recta desde E hacia arriba, y otra desde F, paralelas ambas de CA.

Hecho esto, recortará el patrón y las líneas E y F, hacia arriba, procurando que los cortes no lleguen hasta la línea AB con objeto de que los trozos no se separen por completo.

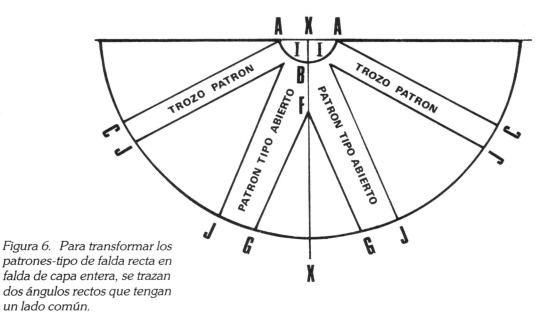

Figura 6. Para transformar los patrones-tipo de falda recta en falda de capa entera, se trazan dos ángulos rectos que tengan un lado común.

Figura 7. Forma de colocar el patrón sobre dos telas.

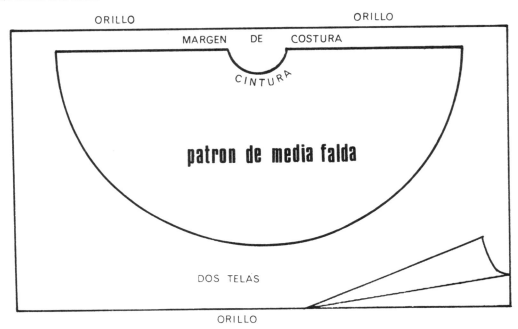

Figura 8. Patrón-tipo de falda acampanada.

Después colocaremos este patrón sobre otro papel de forma que el borde superior coincida con una línea recta que habremos trazado previamente (Fig. 9). Después iremos separando por la parte inferior los dos trozos de ambos costados formando aberturas iguales, hasta que mida el bajo los 90 cm que deseamos de vuelo (Fig. 9).

Este procedimiento de abrir el patrón en abanico, da a las líneas de cintura y bajo, la forma curva de las faldas de capa o acampanada. Con

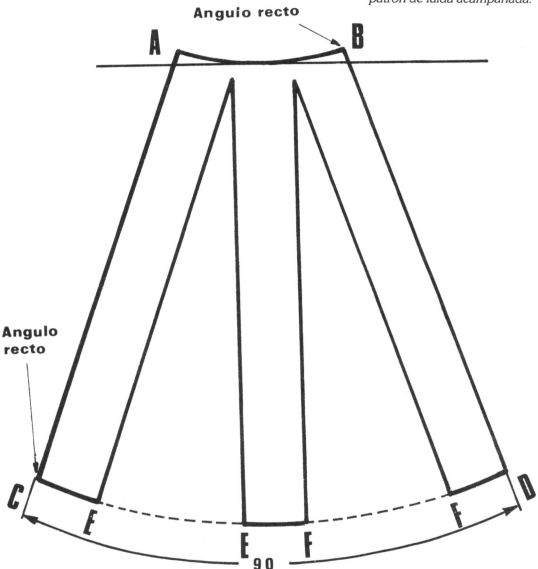

Figura 9. *Transformación del patrón de falda acampanada.*

Anguío recto

A   B

Angulo recto

C   E   E₉₀   F   F   D

objeto de que adquieran una forma curva perfecta la cintura y bajo de la falda, perfilaremos las esquinas, debiendo formar ángulo recto.

Como recordará usted, la falda de la bata que estudió en el capítulo 9, es también acampanada, muy parecida a la que acabamos de explicar, porque empleamos el procedimiento de abrir el patrón en abanico.

Falda de cuatro costuras

Esta falda se llama de cuatro costuras, porque consta de cuatro piezas iguales, quedando con costura en ambos costados y en los centros de delantera y trasera (Fig. 10).

Para su trazado puede usted emplear el mismo patrón-tipo de falda recta que para la falda de capa, es decir, sin escote en la cintura ni forma en la cadera. La línea AC ha de coincidir con el doblez del papel (Fig. 11).

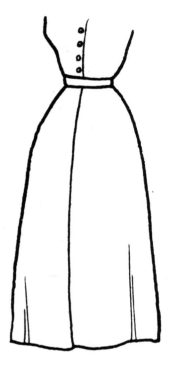

Figura 10. Modelo de falda con cuatro costuras.

Figura 11. Patrón-tipo de falda recta adaptado para realizar la falda con cuatro costuras.

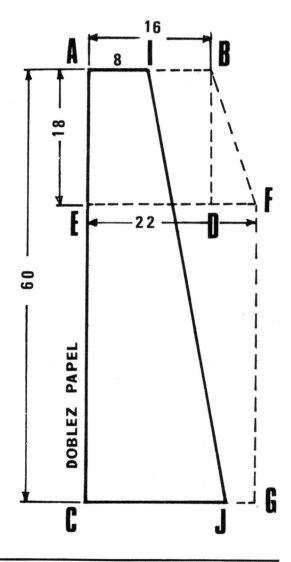

Para adaptar el patrón-tipo al modelo que estamos estudiando, hará usted lo siguiente:

En la mitad de la línea AB señale un punto con la letra I. Después señale el centro de la línea de cadera EF. A continuación se traza una línea desde I, que pase por el punto que ha marcado en la línea de cadera, prolongándola hasta el bajo con otro punto que llamaremos J (Fig. 11).

Si se desea aumentar el vuelo de la falda, hará pasar la línea IJ, dos centímetros más hacia afuera del punto que marcamos en la línea de cadera.

El contorno del patrón está formado por las líneas que en el dibujo destacan más gruesas.

Después de terminado el patrón y recortado por su contorno, se desdobla, y obtendremos la pieza completa que le servirá para cortar las cuatro piezas iguales de que consta la falda.

Colocación del patrón sobre la tela

La colocación del patrón sobre el tejido se indica en la figura 12. Se efectúa sobre tela doble, debiendo cortar el patrón dos veces para obtener las cuatro piezas.

Con objeto de ahorrar tela al cortar por segunda vez, se coloca el patrón en dirección contraria, como se ve en la figura 12.

Confección del modelo

La confección no ofrece ninguna particularidad. Las cuatro piezas se unen con costura abierta. En la costura del costado izquierdo, se dejará sin coser un trecho de unos 10 cm para colocar la cremallera.

Después de cosidas todas las costuras, se plancha bien y se coloca la cinturilla.

Esta falda puede hacerse, si se desea, sin costura en los costados, quedando en este caso dos costuras en la delantera y otras dos en la trasera.

Falda plisada al hilo

Para cortar esta falda no se necesita patrón, puesto que se marcan los pliegues directamente sobre el tejido, pero es preciso calcular la cantidad de tela que necesitamos. (Fig. 13).

Cada pliegue consta de tres telas, la de fuera y otras dos que forman el fondo del pliegue. Las tres tienen el mismo ancho. Resulta, pues, que

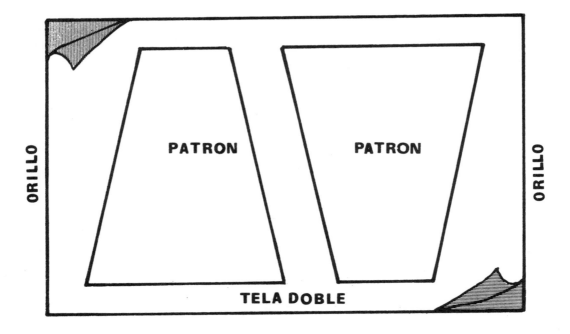

ORILLO

PATRON

PATRON

ORILLO

TELA DOBLE

Figura 12. El patrón se coloca sobre tela doble, y se ha de volver a poner una segunda vez sobre la tela para obtener las cuatro piezas.

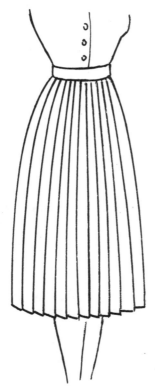

Figura 13. Modelo de falda plisada.

si cada pliegue lleva de tela tres veces su medida, una falda totalmente plisada ha de llevar, por consiguiente, tres veces la medida de sus pliegues. Por tanto, necesitamos calcular primero cuántos pliegues entrarán en la vuelta completa de la falda.

Para esto dividiremos dicha vuelta por la anchura que deseamos dar al pliegue. En este ejemplo la vuelta de falda o caderas es de 99 cm, y pondremos de anchura el pliegue 4 cm.

Por consiguiente, la cantidad de pliegues será: 99 cm dividido entre 4 cm, total 24,7. Puesto que salen un poco más de 24, pondremos 25 pliegues en total. Ahora vamos a calcular la tela necesaria para los 25 pliegues.

Cada pliegue necesita tres veces su anchura, porque como ya dijimos consta de tres telas, necesitándose, pues, 12 cm para cada pliegue.

Ahora veamos cuántos centímetros necesitamos para los 25 pliegues.

Se multiplican los 25 por 12 cm (ancho total de cada pliegue), resultando en total 300 cm.

A estos 300 cm, aumentaremos 2 cm para las costuras del costado, y son, pues, 302 cm lo que necesitamos de ancho en la tela.

Pero resulta que no suele haber tela con esa anchura, siendo preciso cortar varios trozos al hilo y unirlos por los orillos hasta obtener un trozo de tela con el ancho necesario, 302 cm. Al largo total de falda aumentaremos 6 cm para dobladillo.

Resulta, pues, que la tela que hay que preparar es una banda de 70 por 302 cm. Los 44 cm que es el largo de la falda, más los 6 cm de aumento para el dobladillo, hay que medirlos en dirección del hilo del tejido.

Después de cortar los trozos necesarios para formar dicha banda se unen unos con otros por los orillos, planchando abiertas las costuras (Figura 14).

Figura 14. Cuando el ancho de la tela sea insuficiente, hay que añadir los trozos de tela necesarios cortados al hilo, y la unión se hace por los orillos.

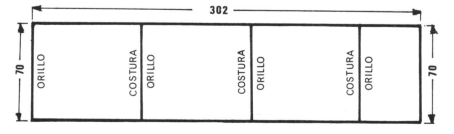

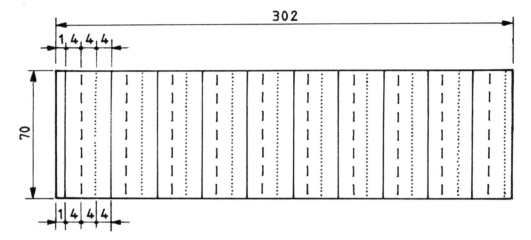

*Figura 15. Los pliegues se
señalan en el derecho de la
tela, mediante tres hilvanes
diferentes, separados entre sí
por los centímetros que
demos de anchura al pliegue.*

A continuación se hilvana el bajo de 5 cm, puesto que el otro centímetro, de los 6 que aumentamos al largo de falda, es para lo que entra en costura al colocar la cinturilla. Se come el bajo una vez hilvanado y se plancha bien.

Después se pueden marcar los pliegues en la tela. Estos se marcan con líneas de hilvanes de diferentes medidas en el derecho del género, tal como se ve en la figura 15. Las marcas están separadas entre sí, 4 cm, que es la anchura que damos al pliegue.

Para mejor comprensión del dibujo los pliegues están indicados de la siguiente forma: las líneas enteras señalan el borde exterior de los pliegues, los puntos indican dónde ha de montar dicho borde al hacer el pliegue, y las rayitas señalan el doblez que quedará en el fondo o parte interior del mismo. En cada extremo se deja 1 cm para la costura que ha de hacerse al cerrar la falda.

Confección de la falda

Extendida la tela sobre una mesa, efectuaremos el hilvanado de los pliegues, cogiendo un doblez por la marca que en el dibujo se indica con líneas enteras, haciendo coincidir este borde con la línea de puntos, y dejando en el fondo del pliegue la línea de rayitas.

Conforme se dobla el pliegue se pasa un hilván a medio centímetro del borde para evitar que se deshagan.

Para facilitar el hilvanado, se prende el pliegue con alfileres desde el bajo hasta la línea de cadera. Desde la línea de cadera hacia arriba, se deben ir estrechando los pliegues, puesto que la cintura es más estrecha que la cadera. Para esto conviene marcar con un hilván la línea de cadera en la falda.

Para saber con exactitud lo que hay que estrechar los pliegues en la parte de la cintura, haremos el siguiente cálculo: hallaremos la diferencia que hay entre el contorno de cadera y la vuelta de cintura. Restando los 65 cm de cintura a los 99 de cadera, veremos que la cintura mide 34 cm menos que la cadera, debiendo, por tanto, disminuir los pliegues en la cintura esos centímetros.

Ahora vamos a calcular lo que hay que estrechar cada pliegue.

Se dividen los 34 cm entre los 25 pliegues que lleva la falda, y el resultado, 1,3 cm, es lo que entraremos de más en cada pliegue por la parte de la cintura, disminuyendo este aumento hasta la cadera, desde la cual, hasta el bajo, medirá 4 cm cada pliegue.

Al terminar de hilvanar todos los pliegues en la forma explicada se cierra la falda, dejando sin coser en la costura un trecho de unos 15 cm para colocar la cremallera.

Por último se coloca la cinturilla, y después se plancha la falda, aplastando bien los pliegues con la plancha antes de quitar los hilvanes. Para que el planchado resulte más perfecto se debe poner un trapo húmedo sobre la falda, y después de quitar los hilvanes, se repite el planchado con objeto de que desaparezcan las señales del hilvanado.

11

Diferentes
modelos de vestidos

Vamos a estudiar el corte y confección de elegantes modelos basados en el patrón-tipo.

Para la realización de estos modelos vamos a emplear las medidas siguientes:

Ancho de espalda	38 cm
Largo de talle espalda	40 cm
Largo de talle delantero	42 cm
Altura de hombro	35 cm
Contorno de cuello	36 cm
Sisa (mitad de su vuelta)	18 cm
Contorno de pecho: 90 más 4	94 cm
Cintura	72 cm
Vuelta de cadera: 94 más 4	98 cm
Altura de cadera	17 cm
Largo de falda	61 cm
Largo de manga (hasta la muñeca)	58 cm
Largo sangría	43 cm
Contorno de muñeca: 15 más 6	21 cm

Primer modelo. Vestido con gala

Se trata de un modelo de vestido muy juvenil y de fácil realización. Resulta muy lindo en tejido de rayas, como puede usted observar en la figura 1.

Delante lleva una ancha pala, al contrahilo, que va adornada de botones y forma pliegue en la falda.

Las mangas son semilargas y ceñidas en el bajo.

La trasera de la falda lleva una tabla, al contrahilo, como en el delantero, que va ensanchándose hacia el bajo.

Trazado del cuerpo

Patrón de espalda

Trazamos primero el patrón-tipo, corto, recto, entallando 3 cm la costura del costado de la forma acostumbrada (Fig. 2).

En este modelo no damos más entalle a la cintura porque el vuelo sobrante la embeberemos con la plancha, después de fruncirlo con una bastilla.

*Figura 1. Modelo de vestido
muy juvenil en tejido a rayas.*

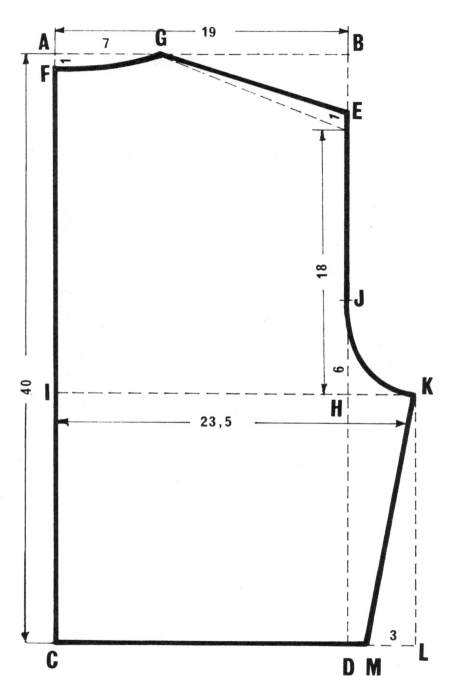

Figura 2. Patrón de espalda.

La línea del hombro GE vamos a elevarla con objeto de dar holgura suficiente para entrar la hombrera. La manera de elevar el hombro es siempre igual.

Terminado de trazar el patrón con la inclinación de hombro normal, elevaremos su extremo, punto E, 1 cm, trazando de nuevo la línea del hombro desde G.

Esta modificación la emplearemos siempre que la moda exija hombros altos, y, por consiguiente, hay que poner hombreras a la prenda. En blusas y vestidos basta elevar el hombro 1 cm. En abrigos suelen subirse 2 cm, según el grosor de la hombrera.

Patrón delantero

Este delantero lo trazaremos sobre el patrón-tipo recto. De momento no se dibuja la bajada de escote, sino únicamente se señala su anchura desde A a G (Fig. 3).

Para adaptarlo al modelo haremos las modificaciones siguientes:

Elevaremos el hombro 1 cm para la hombrera. Después entallaremos 3 cm la costura del costado.

Para el escote pondremos de bajada 14 cm desde A a F. El escote queda dibujado bajando una línea desde G a F.

Como habrá usted advertido, el escote de este modelo no se dibuja de forma curva, sino recto, terminando en pico.

A continuación se dibuja la pala del cuerpo. Hay que tener en cuenta que, como el cálculo para dibujar la pala lo hacemos en medio patrón, señalaremos la mitad de la medida que hayamos calculado dar a la pala. Por ejemplo: si hemos calculado darle de anchura 24 cm por la parte superior, señalaremos en el patrón 12 solamente. Tracemos, pues, una línea desde F y paralela a AB con 12 cm, señalando el punto con la letra F_2.

Puesto que esta pala es más estrecha por la parte inferior, tal como la presenta el modelo, pondremos desde C a C_2 la mitad de la distancia FF_2, o sea, 6 cm. Por último, se unen con una línea los puntos F_2C_2, y queda dibujada la pala, la cual calcaremos a un papel transparente.

Patrón del cuello

Para dibujar el cuello trazaremos un rectángulo con los puntos A, B, C y D, poniendo entre AC 6 cm, o sea, anchura que damos al cuello, y entre CD, la medida de escote, tomada ésta sobre la prenda, hasta el centro delantero (aproximadamente 22 cm en este ejemplo) (Fig. 4).

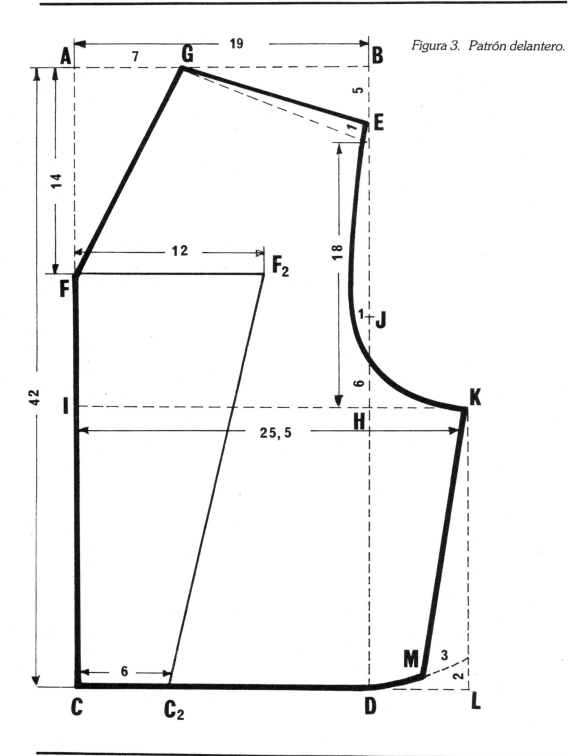

Figura 3. Patrón delantero.

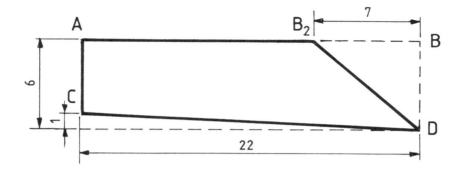

Figura 4. Patrón del cuello.

Para señalar la punta del cuello, marcaremos desde B, en dirección a A, 7 cm con el punto B_2. Después se traza una recta desde D a B_2.

Finalmente, subiremos 1 cm desde C, y dibujaremos una nueva línea hasta D.

El borde exterior del cuello es la línea AB_2D.

Patrón de la manga

Trazaremos el patrón-tipo de manga con las medidas correspondientes; pero puesto que se trata de manga semilarga, sólo le daremos una largura de 44 cm (Fig. 5).

En esta manga no necesitamos emplear la medida de sangría, sino que pondremos la medida C_2D, como hicimos en la manga corta del capítulo 9. Recordará usted que desde C_2 a D pusimos la medida de sisa menos 3 cm. Para marcar el punto C_2, se trazará desde A una línea paralela a BC y con esa misma medida. Este procedimiento es muy exacto y se puede aplicarr a todas las mangas, no siendo necesaria, en este caso, la medida de sangría.

De contorno de brazo, es decir, donde llega el bajo de la manga, pondremos 19 cm, más 3 de holgura, son en total 22 cm. La mitad de esta medida, o sea 11 cm, se marca desde B a K.

Después se traza la línea de sangría desde D a K, la cual alargaremos 1,5 cm, y rectificaremos el bajo como se ve en la figura 5.

Este detalle de alargar la costura de sangría conviene tenerlo en cuenta, porque al confeccionar las mangas suelen quedar un poco justas en esa parte.

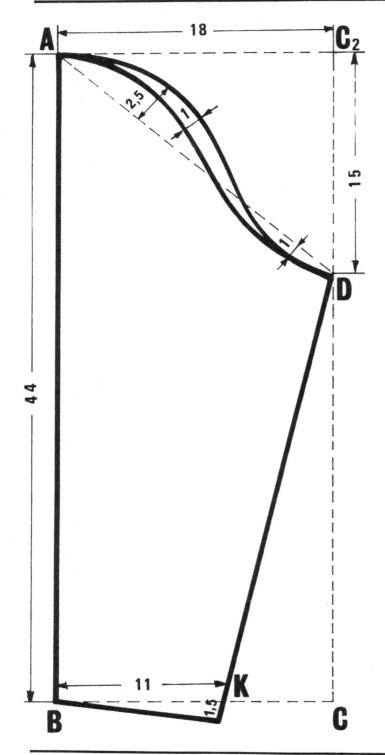

Figura 5. Patrón de la manga.

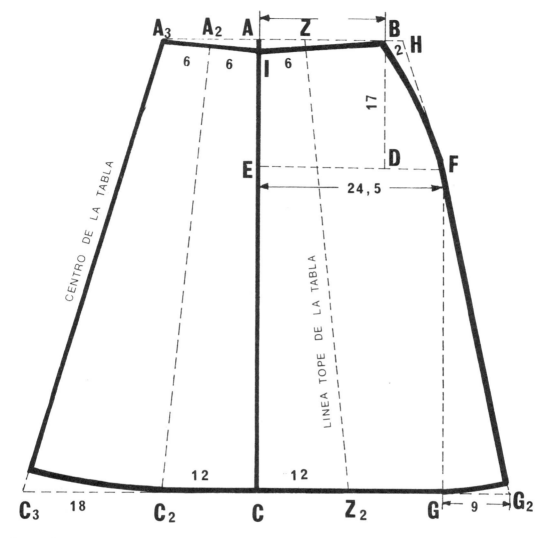

Figura 6. Patrón de la falda
adaptado al modelo del vestido.

Trazado de la falda

Empezaremos trazando el patrón-tipo de falda recta sin pinza, y para adaptarlo al modelo haremos lo siguiente:

A la línea del costado, por la parte de abajo, le daremos 9 cm de vuelo y marcaremos el punto G_2 (Fig. 6).

A continuación le añadiremos el trozo necesario para la tabla, de la manera siguiente: Desde A, hacia afuera, marcaremos 6 cm con el punto A_2, más otros 6 cm desde A_2, señalando el punto A_3. En la parte de abajo tenemos que poner doble medida para que resulte la tabla más ancha por abajo que por arriba. Pongamos, pues, 12 cm desde C a C_2 y 18 cm desde C_2 hasta C_3.

El fondo de la tabla es la línea AC. La línea A_2C_2 es el borde exterior de la tabla, y la A_3C_3 es el centro de la misma.

Ahora vamos a trazar la línea tope donde ha de llegar el borde exterior de la tabla. Dicha línea está marcada con puntitos en la figura 6 desde Z a Z_2. Como puede usted ver, el punto Z está marcado a 6 cm de distancia de A, que es la misma medida que pusimos entre los puntos CC_2 en la pala del cuerpo. Y el punto Z_2 está marcado a 12 cm de C, que es la profundidad que damos al pliegue en la parte inferior.

Finalmente, corregiremos el bajo y la cintura en la parte de la tabla. Para esto hay que doblar el patrón formando la tabla, tal como haremos después en la tela, o sea, montando la línea A_2C_2 sobre la línea ZZ_2.

Colocación de los patrones sobre la tela

La espalda y delantero se aplican sobre la tela doblada al hilo, haciendo coincidir el centro de ambos patrones con el doblez de la tela para que salgan de una pieza (Fig. 7).

Figura 7. Para cortar la espalda y el delantero del cuerpo se colocan sobre la tela doblada al hilo.

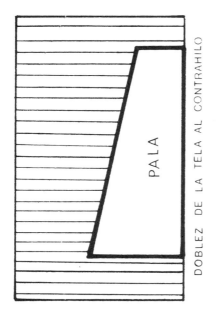

Figura 8. La pala del cuerpo se corta con la tela doblada al contrahilo.

La pala se corta también sobre tela doble, al contrahilo, haciendo coincidir su centro FC con el doblez de la tela (Fig. 8).

La falda se corta aplicando el patrón sobre dos telas al hilo (Fig. 9). El patrón correspondiente a la tabla se aplica sobre la tela doblada al contrahilo, haciendo coincidir la línea A_3C_3 (centro de la tabla) con el doblez de la tela (Fig. 10).

Puesto que la parte delantera de la falda es igual que la trasera, basta trazar ésta, que nos servirá para cortar la delantera escotándolo 1 cm más.

Recuerde que los patrones se dibujan justos a la medida y que, por lo tanto, al cortar en la tela, hay que dejar alrededor de sus contornos la cantidad suficiente para costuras y dobladillos.

Confección del modelo

Iniciaremos la confección pasando los hilvanes flojos. Después se hilvana el cuerpo, uniendo la espalda con el delantero por los hombros y costados.

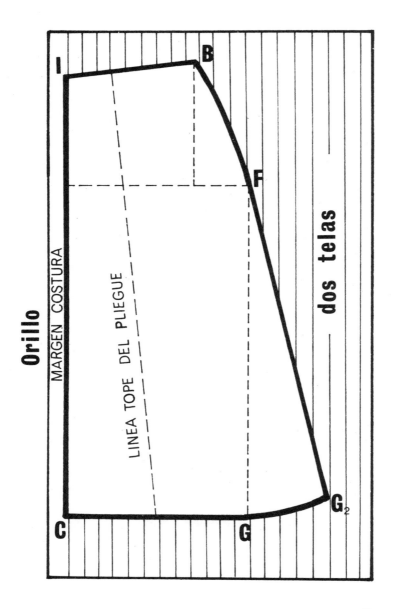

Figura 9. El patrón de la falda se corta sobre dos telas colocadas al hilo.

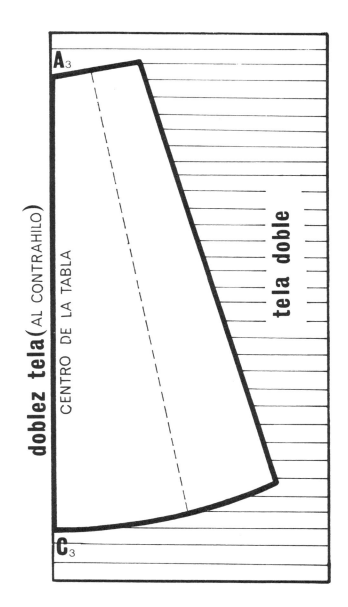

Figura 10. El patrón de la tabla de la falda, al igual que la pala del cuerpo, se corta sobre la tela doblada al contrahilo.

La pala del delantero la cortaremos, por dos veces, para poderla forrar, puesto que va sobrepuesta; únicamente va unida al cuerpo por la parte de la cintura, y se sostiene después por medio de ojales y botones, éstos cosidos sobre el delantero.

En caso de que resultara pequeño el escote para pasar la cabeza, se haría una pequeña abertura en el centro del delantero, que después cubriría la pala. La abertura habría que rematarla con un bies estrechito.

A continuación se hilvana la falda. Primero, la costura que une la tabla a la falda, después, las costuras de los costados, y, por último, se hilvana la falda al cuerpo. Téngase en cuenta que al unir la falda al cuerpo hay que sujetar, a la vez, la pala del delantero previamente preparada.

En el costado izquierdo dejaremos sin coser un trecho de unos 12 cm para colocar la cremallera.

Con las hombreras, provisionalmente puestas, efectuaremos la primera prueba.

Después pasaremos nuevos hilvanes flojos por las rectificaciones que hayamos efectuado, y a continuación haremos el segundo hilvanado de la prenda.

Efectuada la segunda prueba, haremos el cosido final. Por último, se cosen los botones, se dará el planchado final y se colocan las hombreras.

Segundo modelo. Vestido con pliegues en el delantero

Este elegante modelo presenta en el delantero tres pliegues en cada lado, que van desde el hombro a la cintura y se prolongan en la falda. El cuello es de estilo «smoking». El cuerpo es cruzado y lleva doble botonadura (Fig. 11).

La espalda es lisa, con costura en el centro de la falda.

Trazado del cuerpo

Patrón de espalda

Se trazará el patrón-tipo, corto recto, y a continuación se hacen las siguientes modificaciones (Fig. 12).

Figura 11. Modelo de vestido con pliegues en el delantero.

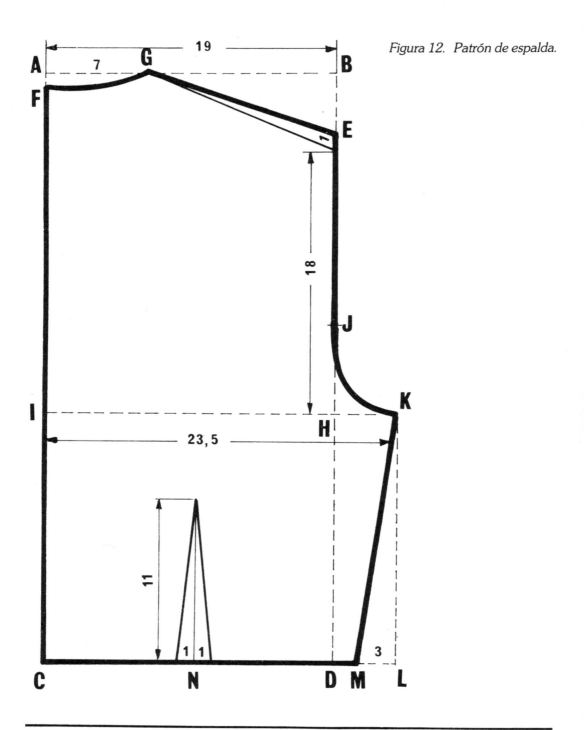

Figura 12. Patrón de espalda.

Para el entalle se calcula la diferencia entre la línea de pecho y la cuarta parte de la vuelta de cintura. En este ejemplo serán 23,5 cm, menos 18 cm, total 5,5 cm, de los cuales bastará entallar 5 cm.

En la costura del costado entallaremos 3 cm, desde L hacia adentro, y señalamos el punto M, y en la cintura entallaremos los otros 2 cm mediante una pinza. En el centro de la línea CM, ponemos el punto N y a uno y otro lado de este punto señalamos 1 cm. A partir de N, hacia arriba, ponemos 11 cm, que será la largura de la pinza; unimos este punto con los dos anteriores y nos queda formada la pinza de cintura.

Después de trazar la inclinación de hombro normal, subiremos su extremo 1 cm, para dar la holgura de la hombrera, y señalamos el punto E. Unimos los puntos G y E y queda terminada la espalda (Fig. 12).

Patrón del delantero

Trazaremos el patrón-tipo correspondiente, dando a la línea de pecho 2 cm más que a la espalda (Fig. 13).

De momento no dibujaremos la bajada de escote, sino únicamente señalaremos su anchura que, como usted ya conoce, es la sexta parte del contorno del cuello, más 1 cm. En este vestido son 7 cm y los pondremos de A a G.

Para el cruce hay que aumentar 6 cm desde A y C, respectivamente, trazando después la línea A_2C_2.

Ahora se dibuja el escote, dándole de bajada 22 cm, y señalamos esta medida en la línea de cruce, desde A_2 hacia abajo, con el punto F.

A continuación dibujaremos el cuello, para lo cual se prolonga la línea FG tantos centímetros como haya entre AG, o anchura de escote, y señalamos el punto con la letra G_2. Esta parte que hemos prolongado es la que irá unida después al escote de la espalda.

Después marcaremos la distancia FG y se traza con la escuadra una pequeña línea de 6 cm, como se ve en la figura 13. Desde G_2 trazaremos otra línea de 5 cm, marcando el punto F_2. La medida F_2G_2 es la anchura que damos al cuello.

Seguidamente se traza la curva FF_2, quedando dibujando el cuello «smoking».

A continuación elevaremos 1 cm el hombro y entallaremos 3 cm el costado.

A causa de la forma del cuello, las vistas han de ir postizas. Por ello las calcaremos en un papel transparente sobre el patrón, dándole en la parte superior medio centímetro más que la anchura del cuello. En la parte inferior se le da la anchura del cruce, más 1 cm (Fig. 14).

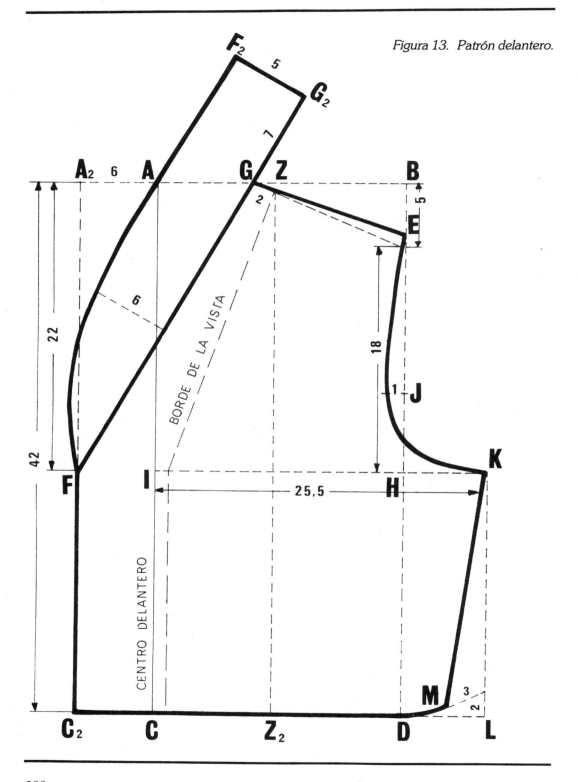

Figura 13. Patrón delantero.

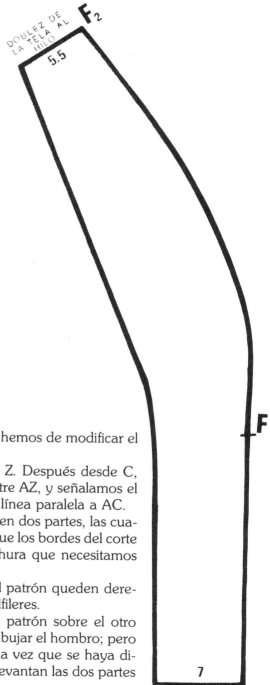

Figura 14. Patrón de la vista adaptado a la forma del cuello

Para dar la anchura necesaria a los pliegues, hemos de modificar el patrón.

Primero marcaremos a 2 cm de G el punto Z. Después desde C, hacia D, ponemos la misma distancia que hay entre AZ, y señalamos el punto con la letra Z_2. Desde Z a Z_2 se traza una línea paralela a AC.

Siguiendo la línea ZZ_2, cortaremos el patrón en dos partes, las cuales las colocaremos sobre otro papel, de manera que los bordes del corte queden separados entre sí 12 cm que es la anchura que necesitamos para los tres pliegues.

Hay que tener cuidado de que las partes del patrón queden derechas, y para que no se muevan se sujetan con alfileres.

Antes de marcar los pliegues se dibujará el patrón sobre el otro papel, pasando el lápiz por todos los bordes, sin dibujar el hombro; pero es necesario señalar los puntos EG y los ZZ_2. Una vez que se haya dibujado todo el patrón sobre el referido papel, se levantan las dos partes del patrón para marcar los pliegues.

La línea ZZ_2 representará el borde exterior del primer pliegue, y a 2 cm de esta línea se dibuja una paralela que indicará el doblez interior del pliegue (Fig. 15). A otros 2 cm se traza otra paralela (línea de puntos en el dibujo), que indicará el tope donde vendrá a parar el borde exterior.

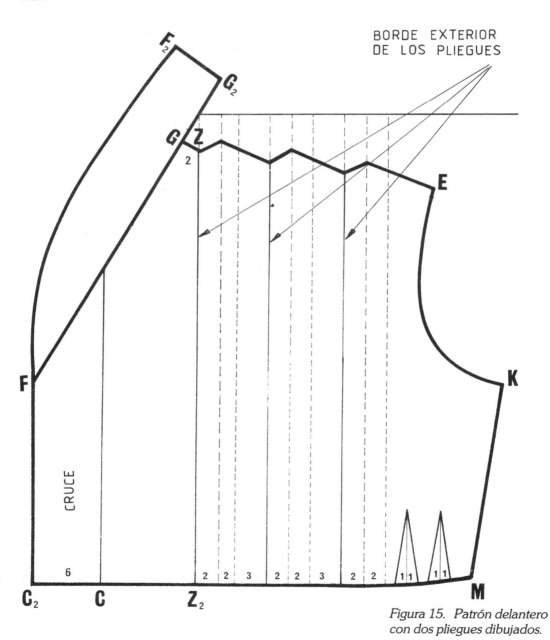

Figura 15. Patrón delantero con dos pliegues dibujados.

Después dibujaremos el segundo y tercer pliegues de forma semejante, dejando entre cada uno 3 cm de distancia.

Para dibujar el hombro con la forma que ha de tener en la parte de los pliegues, es preciso doblar el papel por las líneas paralelas, plegándolos como después han de ir en la tela, y así doblado, se recorta el hombro en línea recta desde G hasta E. Al desdoblar el papel habremos obtenido la forma adecuada, como se ve en la figura 15.

Finalmente, se dibujarán dos pinzas pequeñas de 2 cm de profundidad para recoger el vuelo sobrante de la cintura. La primera la pondremos a 1 cm de la línea tope del último pliegue. La otra pinza la pondremos separada 1 cm de la anterior. Ver la figura 15.

Patrón de la manga

Escogeremos como base para ejecutarla el patrón-tipo de manga, aplicándole las medidas correspondientes indicadas al principio de la lección (Fig. 16).

Después modificaremos la línea de sangría con objeto de dar forma a la manga. Para ello se mide 2,5 cm a ambos lados del punto K, señalando los puntos M y L, respectivamente.

Después trazaremos la línea de sangría delantera desde D a L. La línea de sangría trasera se traza desde D a M, alargándola desde este punto 2 cm y uniéndola con B (Fig. 16).

Esta manga la trazará usted, como siempre, sobre papel doble, y después de terminada se calca al papel de abajo la parte trasera de la enmangadura y línea trasera de sangría. Después desdobla el papel y perfila las líneas que ha calcado para poder recortar el patrón.

Trazado de la falda

Patrón de la trasera

Emplearemos como base el patrón-tipo de falda recta con pinza, dándole 3 cm de profundidad. A la línea del costado le daremos 6 cm de vuelo desde G a G_2 (Fig. 17).

Puesto que este modelo lleva costura en el centro de la falda, aprovecharemos para darle un poco de vuelo en esta parte. Mida, pues, 2 cm desde C, hacia afuera, y marque el punto C_2, desde el cual trazará usted una línea hasta M. Fíjese en la figura 17.

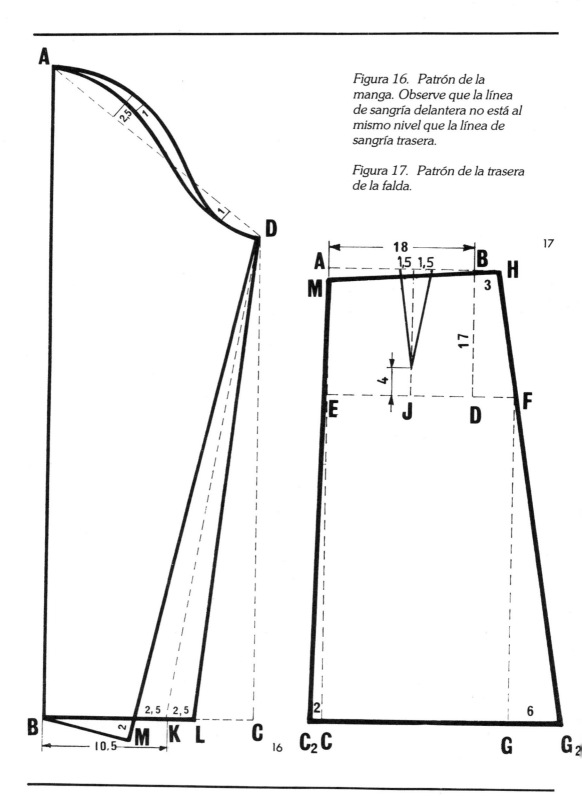

Figura 16. Patrón de la manga. Observe que la línea de sangría delantera no está al mismo nivel que la línea de sangría trasera.

Figura 17. Patrón de la trasera de la falda.

Patrón de la delantera

Trazaremos el patrón-tipo de falda recta. De momento no hay que escotar la línea de cintura.

A la cadera no le daremos la forma que tiene en el patrón-tipo, sino que la dibujaremos trazando una línea desde B a F (Fig. 18).

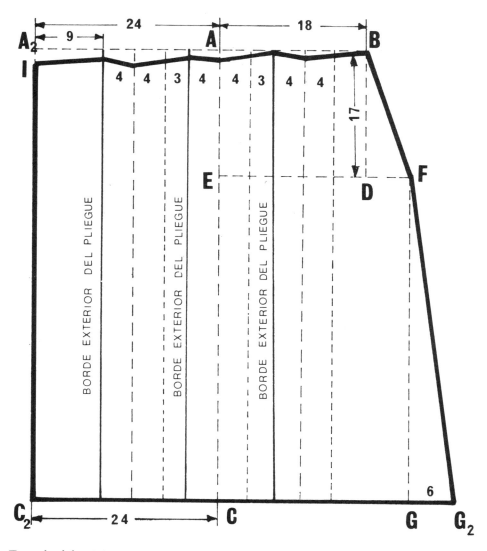

Figura 18. Trazado del patrón delantero de la falda, señalando a la vez los pliegues que lleva el modelo.

Después daremos 6 cm de vuelo a la línea del costado, marcando el punto G_2, el cual unirá con F.

A continuación hay que añadir el trozo para los pliegues. El modelo presenta tres pliegues a cada lado; pero, puesto que estamos trazando medio patrón, sólo calcularemos los centímetros que necesitemos para tres pliegues.

A cada pliegue vamos a dar una profundidad de 8 cm. Por tanto, para tres pliegues necesitaremos 24 cm. Así es que desde A, hacia la izquierda, marcaremos 24 cm, señalando el punto A_2. En el bajo haremos lo mismo, desde C, hacia la izquierda, trazaremos una línea de 24 cm, y marcaremos el punto C_2, el cual lo uniremos después con el punto A_2 por medio de una recta.

Para dibujar los pliegues, empezaremos marcando el primer pliegue desde A_2, hacia la derecha, con 9 cm, que es la distancia que hay entre el centro delantero y el primer pliegue del cuerpo (puntos CZ_2 de la figura 13). Desde esta distancia se traza una línea que indica el borde exterior del primer pliegue de la falda (Fig. 18). Después trazamos otra línea a 4 cm de la primera, para indicar el fondo del pliegue (en el dibujo se indica con línea de trazos grandes).

Seguidamente marcaremos otros 4 cm y trazaremos la línea tope a donde llegará el borde del pliegue (en el dibujo línea de trazos pequeños).

Dibujado el primer pliegue, se dibuja el segundo y tercero en forma semejante, dejando entre cada pliegue un espacio de 3 cm.

Finalmente, se doblan los pliegues para dibujar la línea de la cintura.

Doblados los pliegues, como haremos en la tela, bajaremos 2 cm desde A_2 y señalamos el punto I, el cual lo uniremos después con B. Al trazar esta línea, hay que apretar fuertemente el lápiz, con objeto de que quede señalada en el papel de abajo, y al desdoblar el papel se perfila con el lápiz. La línea de cintura, en la parte de los pliegues, quedará tal como se ve en la figura 18.

Confección del modelo

Colocaremos todos los patrones sobre tela doblada al hilo. La espalda se aplica coincidiendo su centro con el doblez de la tela. En la misma forma se corta la vista, colocando el borde superior al hilo, como indica la figura 14.

Para no confundirse al cortar las mangas, conviene señalar en la tela cuál es la parte trasera.

La falda también se coloca sobre la tela doble. La trasera la pondremos coincidiendo la línea MC_2 con los orillos. La delantera, para que salga entera, se coloca coincidiendo la línea IC_2 con el doblez del tejido. Pero en caso de que la tela no diese suficiente anchura, podríamos dividir el patrón por la línea AC, y cortar por separado el trozo que añadimos para los pliegues. Puesto que la línea AC coincide con el fondo del pliegue, quedaría oculta la costura de unión.

La confección de este modelo no tiene otra particularidad que los pliegues y la colocación de la vista.

Primero deberá usted efectuar el hilvanado de los pliegues. Este hilvanado se facilita si se prende el pliegue con alfileres, poniendo uno en cada extremo.

A continuación amaremos el cuerpo. Empezaremos por hilvanar las pinzas de la cintura, y luego las costuras de los hombros y costados.

Es conveniente marcar aplomos en todas las costuras para que salga el hilvanado más exacto. Al hilvanar la costura del hombro, cuidará de que los pliegues, por la parte de adentro, queden tumbados hacia el escote.

La vista se colocará por el derecho del delantero, encarada con éste. Primero conviene prenderla con alfileres, y después se pasa un hilván por todo el borde. Después de cosidas se vuelve la vista hacia el revés del vestido, se dobla hacia adentro el otro borde de la vista y se cose a punto de lado.

Seguidamente se prepara la falda. Empezaremos hilvanando las pinzas de la trasera y los pliegues de la delantera. A continuación se hilvanan las costuras de los costados y la de atrás.

Después se prepara la manga derecha. Al coser la costura de sangría, hay que embeber, por la parte del codo, los 2 cm, aumentamos en la parte de atrás. Para esto, se pasa un frunce pequeñito hasta reducir la parte trasera a la medida del otro borde de la sangría. En esta costura conviene marcar aplomos, puesto que los bordes son desiguales.

Cuando se hilvane la falda al cuerpo se hará por el revés del vestido, cuidando de que los bordes interiores de los pliegues queden tumbados hacia el centro de la falda.

Una vez hilvanado el vestido, se efectuará la primera prueba, y después se procederá como ya hemos explicado en anteriores ocasiones, haciendo rectificaciones, si fueran necesarias, y cosiendo la prenda definitivamente.

Respecto a los ojales, se confeccionarán de tela antes de coser la vista.

En la abertura del costado izquierdo pondremos una cremallera.

Falda pantalón

Este elegante modelo de falda pantalón resulta muy práctico para toda clase de deportes. Lleva dos bolsillos inclinados ribeteados de tela (Fig. 19).

Puesto que la trasera y delantera son exactamente iguales, trazaremos un solo patrón, que nos servirá para cortar la falda completa.

Figura 19. Modelo de falda pantalón con pliegues encontrados.

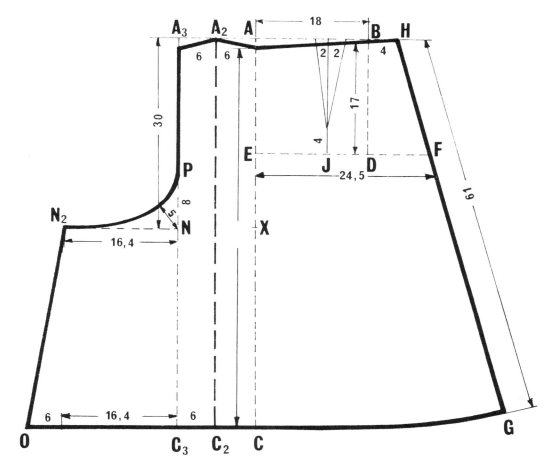

*Figura 20. Patrón de la falda
pantalón con pliegue.*

Para este modelo necesitamos una medida que se llama de tiro, y se toma midiendo desde el centro de la cintura trasera hasta el centro de la cintura de delantero, pasando la cinta métrica por la entrepierna.

Por tanto, además de las medidas correspondientes a la falda que están indicadas al principio del capítulo, emplearemos esta otra llamada de tiro. Supongamos que es de 60 cm.

Trazado del patrón

Para realizar este patrón tomaremos como base el patrón tipo de falda con pinza (Fig. 20).

Empezamos el trazado poniendo de A a C el largo total de falda (61 cm), y entre A y B, la cuarta parte de la vuelta de cintura (18 cm).

Después prolongaremos la línea AB 4 cm, que son los que daremos de profundidad a la pinza, y señalamos el punto con la letra H.

La altura de cadera la pondremos desde B, hacia abajo, y marcamos el punto D. Esta misma medida se pone desde A, hacia abajo, y señalamos el punto E.

Desde E, trazamos una línea paralela a AB, con la cuarta parte del contorno de cadera, y señalamos el punto F.

Ahora se traza de línea de costado que debe tener la medida del largo de falda (61 cm). Se empieza trazando desde H, pasa por F y termina en un punto que llamaremos G.

Habrá usted observado que la línea FG no la hemos trazado paralela a EC, como en el patrón-tipo. El no haberlo hecho así es porque este modelo lleva vuelo en el bajo.

A continuación trazaremos la línea del bajo que va desde C a G con forma ligeramente curva, como se ve en la figura 20.

La pinza la dibujaremos en la mitad de la distancia AH, en la forma acostumbrada.

Transformación del patrón-tipo

Observando el modelo de la falda de la figura 16, vemos que lleva dos pliegues encontrados. Estos pliegues tienen 6 cm de profundidad. Alargaremos, pues, las líneas BA y GC dos veces 6 cm, marcando los puntos A_2, A_3 y C_2, C_3. Trazaremos después dos líneas paralelas que unan estos puntos, como se ve en la figura 20. Una vez trazados, se dobla el papel marcando el pliegue; la línea AC la montaremos sobre la A_3C_3. La línea A_2C_2 representa el doblez interior del pliegue.

Ahora solamente falta añadir el trozo de la entrepierna que forma el pantalón. Para esto, desde A_3 bajaremos 30 cm, que representan la mitad de la medida total de entrepierna, llamada de tiro, y señalamos el punto con la letra N.

Desde N, hacia afuera, en dirección horizontal, marcaremos la sexta parte del contorno de cadera (16,4 cm), señalando el punto N_2.

A continuación se prolonga la línea del bajo, marcando desde C_3 la misma medida que hemos puesto entre NN_2, más 6 cm, y señalamos el punto O, el cual lo uniremos con N_2 por medio de una línea.

Para obtener la línea de entrepierna, marcaremos desde N, hacia arriba, 8 cm con el punto P. Finalmente, desde P trazaremos una curva que pase a 5 cm del punto N y termine en el punto N_2, como puede ver en la figura 20.

Con el pliegue doblado pasaremos fuertemente el lápiz por la línea de cintura para que quede señalada en los pliegues.

En la línea AC, y a la altura de N, marcaremos el punto X.

Colocación de los patrones sobre la tela

Este patrón, por ser bastante ancho, no se puede aplicar sobre la tela doblada; pero lo colocaremos sobre dos telas, para así obtener, a la vez, los dos trozos de la trasera.

Con el mismo patrón, escotando la cintura 1 cm más, cortaremos la parte delantera en la misma forma que la trasera. Hay que cuidar que los derechos de las dos telas queden encarados. El patrón se coloca por el revés del género en dirección al hilo.

Cuando se desee ahorrar tela, se puede separar del patrón el trozo correspondiente a la entrepierna, uniéndolo después con costura. Para ello se debe cortar el patrón por la línea A_2C_2, a fin de que la costura de unión quede en el fondo del pliegue. En la figura 21 se detalla la forma de colocar ambas partes del patrón, aprovechando la tela todo lo posible.

Figura 21. Forma de colocar las partes de que consta el patrón sobre la tela. Observe que la tela no está doblada, sino que son dos telas encaradas por el derecho.

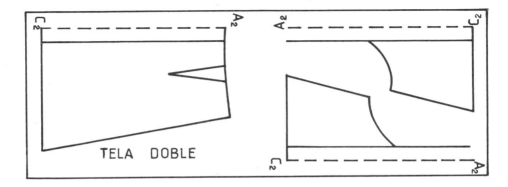

Confección del modelo

La confección de la falda pantalón es distinta a la de las demás faldas.

Una vez que se hayan cortado las cuatro piezas de las que se compone la falda, se comienza el hilvanado por el revés, uniendo primero la trasera con la delantera por las costuras de los costados, dejando sin hilvanar un trecho de unos 10 cm en la parte superior del costado izquierdo, para que la falda pueda vestirse con facilidad.

Continuaremos el hilvanado por la costura de la entrepierna (línea N_2O). A continuación se unen las dos mitades de la trasera hilvanando el trozo que hay entre N_2 y A_3. En la misma forma se hilvanan las dos mitades del delantero de la falda.

Los pliegues se hilvanan por el derecho con un hilván largo que coja el borde del pliegue. La línea AC debe montar sobre A_3C_3.

Al probar la falda, nos fijaremos si la tela de la entrepierna cuelga por el centro; esto suele suceder. En ese caso, se recorta un poco hasta dejarla a nivel del resto del bajo. Si aún así persistiera el defecto, podría ser debido a que la anchura de la entrepierna resulte excesiva, lo que podríamos remediar sencillamente, metiendo un poco en la parte de arriba.

También se señalará el lugar donde han de ir los bolsillos, para realizarlos después de la forma que ya hemos estudiado.

Después de rectificar todos los defectos que pudiera haber presentado la prenda, se efectúa el cosido final de la siguiente forma:

Se sueltan los hilvanes de los pliegues y de toda la entrepierna. A continuación se hilvanan por el revés las costuras centrales desde A hasta X. Una vez hilvanadas estas costuras y las de los costados, se cosen a máquina y se planchan abiertas. Después se vuelven a hilvanar las costuras de la entrepierna; luego se cosen y se planchan también abiertas. Para facilitarnos el planchado de estas costuras utilizaremos el manguero.

Después se vuelve la falda del derecho y se hilvana el pliegue hasta el punto P, de manera que monte la costura de encima con la de la entrepierna, y desde P hasta C_3 se sigue el hilvanado cogiendo los dos bordes del pliegue.

Finalmente se coloca la cinturilla y se cierra la abertura del costado izquierdo con cremallera o remate de pata, con cierres automáticos.

Los extremos de los bolsillos se rematan con un punto de mosca. Se hace con hilo torzal del color de la tela.

12

Trajes de chaqueta y chaquetones

Primer modelo de traje de chaqueta ligeramente entallado

Este modelo de chaqueta que presentamos en la figura 1 es muy elegante. El delantero va abrochado con un solo botón en la cintura y la costura de entalle forma el bolsillo.

La espalda lleva dos costuras de entalle que van desde el hombro hasta el bajo.

Para realizar la falda que hace conjunto con la chaqueta, puede servir el patrón-tipo de falda recta, estudiado en el capítulo 3.

Los patrones de este modelo se obtienen también por medio del sistema de transformación, o sea, se traza primero el patrón-tipo y después se modifica para adaptarlo al modelo.

Las medidas que vamos a emplear para el estudio de este modelo, son las siguientes:

Ancho de espalda	36 cm
Largo de talle espalda	40 cm
Largo de talle delantero	42 cm
Altura de hombro	35 cm
Contorno de cuello	36 cm
Sisa (mitad de su vuelta)	17 cm
Contorno de pecho: 86 más 4	90 cm
Contorno de cintura	68 cm
Altura de cadera	18 cm
Contorno de cadera: 84 más 4	88 cm
Largo total de chaqueta	66 cm
Largo total de manga	59 cm
Largo de sangría	45 cm
Contorno de muñeca: 15 más 10	25 cm

Patrón de la espalda

Empezamos trazando el patrón-tipo recto (Fig. 2). Después prolongaremos la línea AC hasta C_2, de forma que entre A y C_2 haya la medida de largo total de chaqueta.

A continuación señalamos la altura de cadera hasta C, hacia abajo, marcando el punto 0. Desde este punto, hacia la derecha pondremos la cuarta parte del contorno de cadera y señalamos el punto con la letra O_2.

Figura 1. Modelo de traje chaqueta ligeramente entallado.

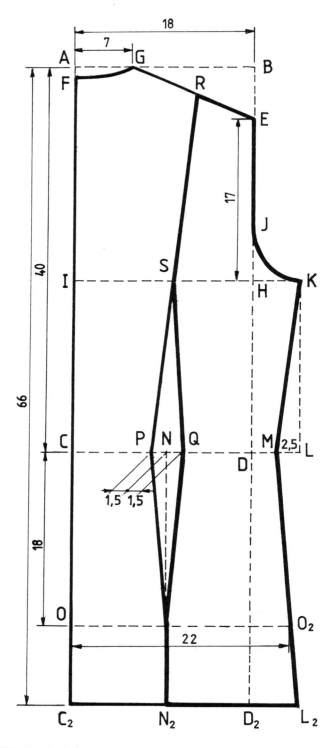

Figura 2. Patrón de espalda con costadillo.

Para entallar el patrón, recuerde que es necesario hallar la diferencia que hay entre la línea de pecho y la cuarta parte de la vuelta de cintura. En este ejemplo son 5,5 cm, los cuales los entallamos entre el costado y la costura que une la pieza central con el costadillo, repartidos de la siguiente forma: en el costado pondremos 2,5 cm y lo señalamos con la letra M, y los 3 cm restantes los entallamos en el costadillo, de la forma que a continuación indicamos.

Como verá no hemos repartido el entalle como en el patrón-tipo entallado. Esto no debe sorprenderle, puesto que las normas del patrón-tipo se pueden modificar con arreglo a las particularidades de cada modelo.

Para dibujar el costadillo, señalaremos el punto R en la distancia GE, y el punto N, en el centro de la distancia CM. Después marcaremos, a ambos lados de N, 1,5 cm con los puntos P y Q. Así la distancia a PQ será de 3 cm, que es el entalle correspondiente a esta costura.

Ahora trazamos una línea desde P a R, y en el cruce de ésta con la línea de pecho, se pone el punto S. Uniendo los puntos SQ con una línea, tenemos dibujada la parte superior del costadillo.

Para terminar, bajaremos una línea desde N, paralela a CC_2 y con su misma medida, señalando el punto con la letra N_2. En el cruce de esta línea con la línea de cadera marcamos el punto X. Desde P y Q trazaremos una línea hasta X.

La línea de costado la trazaremos desde K a M y desde M hasta el bajo (punto L_2), pasando por O_2.

Terminado el patrón, se perfila su contorno y se recorta separando las dos piezas.

Patrón del delantero

Para realizar el patrón del delantero hay dos medidas que varían con respecto a la espalda, que son:

Largo total de chaqueta .... 68 cm
Largo de talle delantero .... 42 cm

Empezamos tratando el patrón-tipo recto y de acuerdo con él haremos el entalle y demás modificaciones que el modelo requiera (Fig. 3).

Puesto que al hombro de la espalda no le hemos dado holgura para la hombrera, vamos a dar 2 cm en el delantero; de esta forma, la costura del hombro quedará hacia atrás, cosa que se estila en chaquetas y abrigos.

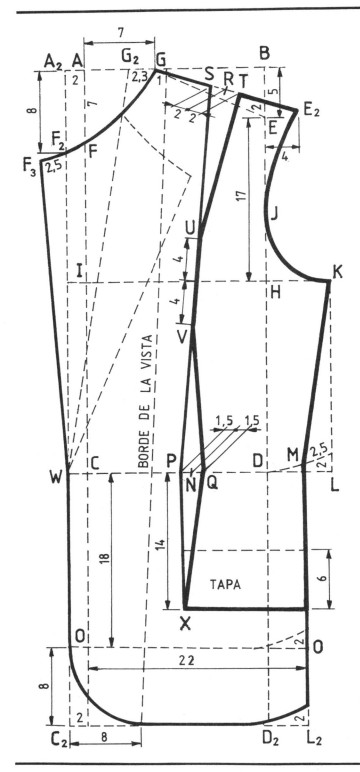

Figura 3. Patrón delantero con costadillo.

Subiremos, pues, 2 cm desde E, y al trazar la nueva línea del hombro lo prolongaremos 4 cm para la pinza, como se ve en la figura 3, y señalamos el punto E_2.

Después dibujaremos la sisa desde E_2 hasta K, pasando por J.

En la línea de cintura y cadera se suben los 2 cm que existen de desnivel entre los largos de delantero y espalda.

Como recordará usted el entalle de la espalda fue de 5,5 cm, los cuales también entallaremos en el delantero, repartiéndolos entre el costado y la pinza de la cintura. De manera que entallaremos 2,5 cm desde L a M y los otros 3 cm en la pinza de la cintura.

A continuación dibujaremos la costura del costado, desde K a M, y desde M a O_2, continuando hasta el bajo con el punto L_2, desde el cual subiremos los 2 cm de desnivel como en la línea de cintura y cadera.

Después, en la mitad de la distancia CM, señalaremos el punto N, y a ambos lados de este punto, marcaremos 1,5 cm con los puntos PQ. Esta distancia PQ, de 3 cm, es la que habíamos dejado para el entalle de la cintura.

También señalaremos la mitad de la distancia GE_2, con el punto R, y ambos lados de este punto, marcaremos 2 cm con los puntos S y T.

A continuación trazamos la línea SP, y en ella, a 4 cm por encima y debajo de la línea de pecho, señalamos los puntos U y V. Uniendo T con U, por medio de una línea, y Q con V, quedarán formadas las pinzas del hombro y cintura.

Para completar la pinza de la cintura, bajaremos desde P una línea de 14 cm, y marcaremos el punto X. Desde este punto se traza, después, una línea horizontal hasta la costura del costado.

La línea de cruce la obtendremos trazando una línea paralela a la línea de centro, y a 2 cm de distancia de ésta, señalando los puntos A_2 y C_2.

La esquina del bajo se redondea con una curva, cuyos extremos queden a 8 cm del punto C_2, como se indica en la figura 3.

Trazado de la solapa

Primero vamos a trazar una línea que indique el doblez de la solapa. Para ello marcaremos desde G, hacia A, la tercera parte del ancho del escote, señalando el punto G_2, desde el cual bajaremos una línea hasta W, cuyo punto habremos marcado a la altura de C, en el borde del cruce.

La solapa se puede dibujar del estilo que se desee: estrecha, ancha, etc., esto depende del gusto personal o del modelo que se haya elegido.

Se puede dibujar su forma como se ve en la figura (línea de rayitas), y una vez dibujada, se dobla el patrón por la línea G_2W y se calca la solapa.

Pero como aún no ha adquirido suficiente práctica, vamos a dar normas concretas para este modelo. Se prolonga el escote hasta el borde del cruce, marcando el punto F_2. Después se sacan 2,5 cm desde F_2 a F_3, y, por último, se traza una línea desde F_3 hasta W.

Trazado de la vista

La vista no podemos cortarla de una pieza con el delantero, por la razón de que el borde central del mismo no va en línea recta, a causa de que la solapa sale un poco. En este caso se traza dentro del patrón.

A la derecha de G y a 1 cm de este punto, se traza una línea que termina en el bajo a 8 cm de C_2. En la figura 3 está representada esta línea por medio de trazos.

Una vez señalada, se calca en papel transparente toda la vista y se obtiene el patrón de la forma indicada en la figura 4.

Patrón del bolsillo

La tapa del bolsillo la dibujaremos sobre el mismo patrón del delantero, tal como se indica en la figura 3. Desde X se suben 6 cm y desde la línea de costado, a nivel de X, se suben los mismos centímetros, uniéndose ambos puntos. Este rectángulo que se forma se calca en un papel aparte para después recortarlo sobre la tela.

Patrón de la manga

Para hacer el patrón de la manga debe seguir el patrón-tipo que usted ya conoce, teniendo en cuenta las medidas que en este modelo se le dan. En la figura 5 podrá ver realizado este patrón.

Patrón del cuello

Para trazar este patrón, hay que medir el escote de la espalda y delantero. En este ejemplo la mitad de la misma de ambàs medidas son 18 cm que es la largura que hay que dar a la mitad del cuello.

El patrón consiste en un rectángulo de 18 cm de largo (medida del escote) por 6 cm de ancho (Fig. 6). Se traza sobre el papel doblado con objeto de que salga el cuello completo. Desde C se suben 2 cm y desde

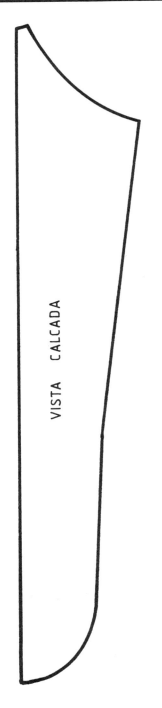

VISTA CALCADA

Figura 4. Patrón de la vista,
calcada del delantero.

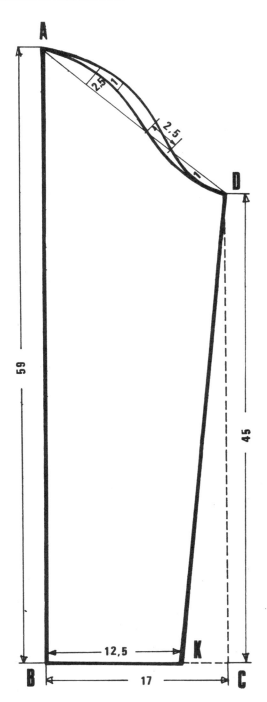

Figura 5. Patrón de la manga.

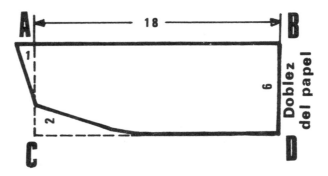

Figura 6. Patrón del cuello.

este punto se dibuja una curva que termina en D. Para dibujar la punta se saca 1 cm desde A, como indica la figura.

Confección del modelo

Se recortan los patrones, separando, en los de espalda y delantero, los dos trozos que los forman, o sea, pieza central y costadillo.

Después colocaremos todas las piezas sobre tela doble en la dirección del hilo de la misma. Conviene marcar algunos aplomos para conseguir después una unión exacta.

Hay que tener en cuenta los márgenes de costuras porque, sin éstos, estropearíamos la prenda.

Una vez que se hayan cortado todas las piezas, se comienza el armado de la prenda para la primera prueba. Se empieza hilvanando las costuras de los costadillos, y luego las de los hombros y costados. Los costadillos del delantero se hilvanan hasta el punto X solamente, y la parte inferior la prenderá, provisionalmente, con alfileres hasta que se vaya a confeccionar el bolsillo. Después se prepara la manga derecha y se hilvana, para lo cual puede usted seguir las instrucciones dadas en la lección 7.

Respecto al cuello, conviene cortarlo provisionalmente en entretela y colocarlo en la primera prueba; de esta forma podemos ver si sienta bien, y si hay que rectificarlo no se estropea la tela.

Para la prueba se debe colocar la hombrera, no hace falta forrarlas porque van entre el forro y la tela.

Puesta la chaqueta, observaremos atentamente si necesita alguna rectificación, nos fijaremos también si necesita más o menos entalle. Observaremos la solapa por si se desea variarla.

Figura 7. Modelo de chaqueta muy entallada y falda con pliegue en la trasera.

Efectuada la primera prueba, colocaremos las vistas, a las que conviene dar bastante margen por la parte de la solapa. Se prenden con alfileres por el derecho del delantero, encaradas con éste y se hilvanan por el revés de la chaqueta, siguiendo las marcas, al llegar a la solapa sólo se hilvana hasta el punto F del patrón, puesto que desde este punto hay que colocar el cuello. A continuación se coserá a máquina siguiendo el hilván y se vuelve la vista hacia el revés de la prenda. En el punto F se dará un piquete para que la costura del escote tenga buen asiento y no se deforme.

Después se cortará el cuello definitivamente, teniendo en cuenta las rectificaciones que hubiesen sido precisas al efectuar la prueba.

Terminada la colocación de las vistas, mangas, etc., se hilvana el bajo y se coloca el forro, haciendo coincidir las costuras de éste con las de la chaqueta. En los delanteros, el forro llegará hasta la vista.

Al efectuar la segunda prueba observaremos bien todos los detalles y señalaremos el ojal, que irá colocado en la cintura.

Después puede terminar la confección. Los bolsillos se realizan como los de estilo sastre, estudiados en el capítulo 8. La anchura de la tapa está señalada en el patrón.

Segundo modelo de traje de chaqueta muy entallado

Este sencillo modelo de chaqueta es muy entallado, con dos pinzas a cada lado del delantero. Bolsillos de cartera (Fig. 7).

La falda lleva un pliegue encontrado atrás.

Para realizar los patrones emplearemos las mismas medidas que en el modelo anterior.

Patrón de la espalda

Trazaremos primero el patrón de espalda corriente, dándole el largo total de chaqueta. Con los puntos correspondientes señalaremos las líneas de cintura y cadera, y después procederemos a entallarlo (Fig. 8).

Por el modelo anterior sabemos que la diferencia entre la línea de pecho y la cuarta parte de la cintura son 5,5 cm, los cuales representan el entalle, que repartiremos entre la costura del costado y la pinza. El costado lo entallaremos 2,5 cm y a la pinza le daremos 3 cm de profundidad.

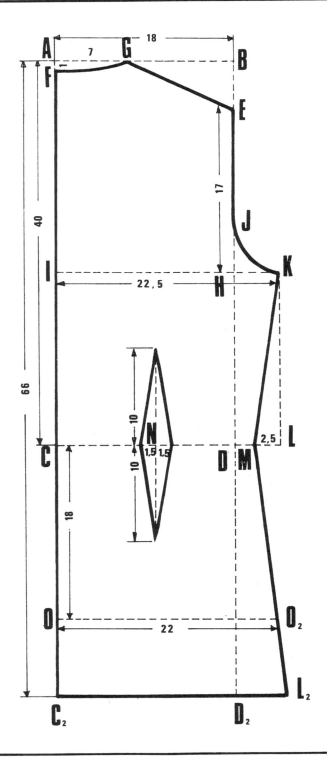

Figura 8. Patrón de espalda entallado.

Desde L, entraremos 2,5 cm, y marcamos el punto M. Después trazamos la línea de costado desde K hasta M, prolongando dicha línea hasta el bajo (punto L_2), pasando por O_2.

Para dibujar la pinza señalaremos el centro de la distancia CM marcando el punto N. A ambos lados de este punto marcaremos 1,5 cm. Así, la pinza resulta con los 3 cm correspondientes. La largura de la pinza es de 10 cm hacia arriba y hacia abajo del punto N, como se ve en la figura 8.

Patrón del delantero

Se empieza trazando el delantero-tipo, con un largo de 68 cm, o sea, 2 cm más que en la espalda (Fig. 9). De bajada de escote marcaremos solamente 5 cm. Después elevaremos el hombro 2 cm para holgura de la hombrera. La línea de pecho recuerde que debe medir 2 cm más que en la espalda.

En la línea de cintura, desde L, hay que elevar 2 cm que existen de desnivel entre los largos de delantero y espalda y se redondea la cintura como indica la figura 9.

Desde C, hacia abajo, marcaremos la altura de cadera con el punto O. A partir de O, hacia la derecha, pondremos la cuarta parte de la vuelta de cadera, que en este caso son 22 cm. Los 2 cm de desnivel que subimos en la línea de cintura los elevaremos también desde O_2.

El entalle total de este delantero es igual que en la espalda, o sea, 5,5 cm, repartidos entre la pinza y la costura del costado.

Puesto que este modelo ha de ir bien entallado, pondremos otra pinza recogiendo los 2 cm que se dan siempre de holgura al delantero en la línea de pecho.

Sabiendo el entalle que hay que dar, entraremos 2,5 cm en la costura del costado desde L a M, y a continuación, podemos trazar la línea del costado que irá desde K a M, y desde M a O_2, continuando hasta el bajo, donde señalaremos el punto L_2, desde el cual elevaremos los 2 cm de desnivel.

Para dibujar la primera pinza señalaremos a 8 cm de C el punto N. A ambos lados de N marcaremos el mismo entalle que en la pinza de espalda, o sea 1,5 cm. Después dibujaremos la pinza, que terminará por arriba a 7 cm de la línea de pecho y por debajo a otros 7 cm de la línea de cadera. La pinza pequeña la colocaremos a 3 cm de la anterior, con una largura de 8 cm por encima y debajo de la cintura.

Para el cruce añadiremos 2 cm a la línea de centro y señalamos los puntos A_2C_2.

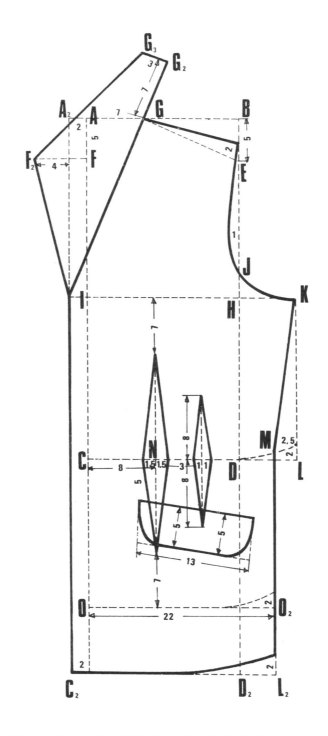

Figura 9. Patrón delantero entallado.

315

La punta de la solapa la marcaremos a la misma altura de F y a 4 cm de la línea del cruce, con el punto F_2, como puede verse en la figura 9.

Después trazaremos la línea que indica el doblez de la solapa. Esta se traza desde G hasta la línea del cruce a la altura del punto I.

Puesto que el cuello de este modelo va de una pieza con la solapa, subiremos desde G tantos centímetros como tenga la medida de anchura de escote AG (7 cm), y señalaremos el punto G_2. La distancia que hay entre GG_2 es la que irá después cosida al escote de la espalda. El ancho del cuello será de 3 cm, los cuales los marcaremos con la escuadra desde G_2, señalando el punto G_3. A continuación, uniremos G_3 con F_2 por medio de una recta, y desde F_2 trazaremos otra línea hasta la del pecho. Con esto queda dibujada la solapa.

Las vistas han de ir postizas a causa de la forma de la solapa. Calcaremos, pues, a un papel transparente todo el borde de la solapa y cuello, es decir, G_3, F_2 y C_2.

A continuación, en la parte inferior, le daremos 5 cm de anchura, o sea 3 cm más que a la anchura del cruce. En la parte superior daremos 4 cm, o sea 1 cm más que la anchura del cuello (distancia G_3G_2). En la figura 10 puede ver la vista una vez dibujada.

La cartera del bolsillo la trazaremos sobre el patrón del delantero, en la posición indicada en la figura. Le daremos una anchura de 5 centímetros y una largura de 13. A los extremos inferiores le daremos una forma redondeada.

Patrón de la manga

El patrón de la manga para este modelo es el mismo que el del modelo anterior, ya que tiene la misma forma y sus mismas medidas.

Falda

Se trata de un modelo clásico. La trasera lleva dos pliegues encontrados en el centro. La delantera es lisa.

Supongamos que las medidas son las siguientes:

Vuelta de cintura	68 cm
Altura de cadera	18 cm
Vuelta de cadera 84 + 4	88 cm
Largo total de falda	65 cm

La trasera y delantera de esta falda pueden trazarse en un solo patrón, pero nosotros presentamos ambas piezas separadas para mayor claridad.

Patrón de la trasera

Primero trazaremos el patrón-tipo de falda que usted ya conoce. Después lo adaptaremos al modelo transformando el patrón (Fig. 11).

Esta falda lleva un pliegue en el centro, al cual le daremos 5 cm de profundidad, por ser la medida más corriente. Para ello pondremos dos veces esta medida, a partir de la línea de centro, hacia afuera, es decir, desde A a A_2 5 cm y desde A_2 a A_3, otros 5 cm. En la línea del bajo haremos lo mismo, desde C a C_2, 5 cm y desde C_2 a C_3, otros 5 cm. A continuación bajaremos dos líneas paralelas a la del centro, desde A_2 a C_2 y desde A_3 a C_3.

La línea A_3C_3 es el tope donde vendrá a parar la línea AC al hacer el doblez del pliegue. Doblaremos éste de forma adecuada y después pasaremos fuertemente el lápiz por la línea de cintura con objeto de que quede marcada en el pliegue.

Para dar a la falda el vuelo del modelo prolongaremos la línea del bajo 5 cm desde G marcando el punto L, desde el cual trazaremos después una línea hasta F, que será el costado de la falda.

Esta trasera puede llevar pinza en la cintura si se desea, y sentará mejor. En tal caso, bastará alargar la línea de cintura los centímetros que se desee dar de profundidad a la pinza, como explicamos en el patrón-tipo del capítulo 3.

Patrón del delantero

Podemos utilizar el mismo patrón anterior, pero con las siguientes modificaciones:

Se separa el trozo del pliegue del resto del patrón y se escota la cintura 1 cm más que en la espalda. En la figura 11 puede ver el patrón de espalda modificado

Confección del modelo

Todos los patrones de la chaqueta se cortan sobre tela doble, como de costumbre. El patrón de la espalda se colocará coincidiendo su centro FC_2 con el doblez de la tela para que salga de una pieza. La vista se corta

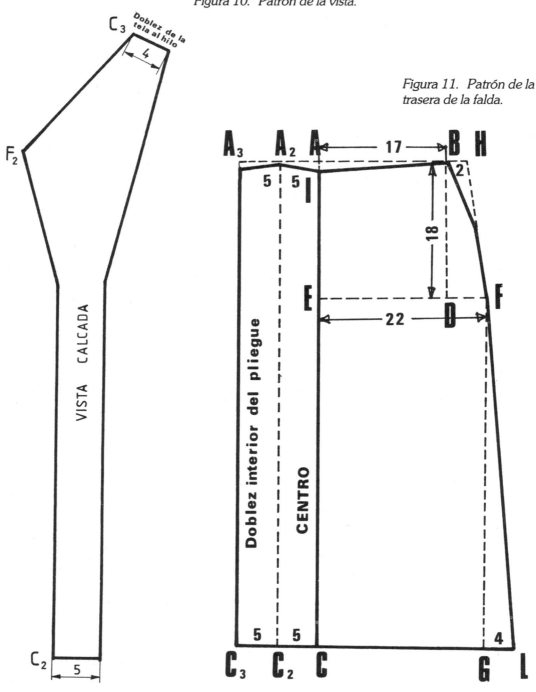

Figura 10. Patrón de la vista.

Figura 11. Patrón de la trasera de la falda.

sobre tela doble, colocando el borde superior al hilo, como indica la figura 10.

Antes de cortar los patrones sobre la tela no olvide señalar los márgenes de costuras.

La confección de este modelo no tiene más particularidad, que la colocación de la vista. Esta la efectuará de la forma siguiente:

En primer lugar, se prende con alfileres, encarada con el derecho del delantero, y después se procede al hilvanado por el revés, siguiendo las marcas por todo el borde de la solapa y cuello. Cosida esta costura a máquina, volverá la vista hacia el revés del vestido. A continuación se dobla hacia adentro el otro borde de la vista y se cose a punto de lado, procurando que no se noten las puntadas por el derecho de la prenda.

Los forros se cortarán con los mismos patrones. Recuerde que en los delanteros sólo han de llegar hasta la vista.

La confección de la falda no ofrece ninguna dificultad. Tanto la trasera como la delantera, se cortarán coincidiendo con el doblez de la tela al hilo.

Antes de cortar hay que señalar los márgenes de costuras en la siguiente proporción: 8 cm en el bajo, 4 cm en la cintura y 4 o 5 cm en los costados.

Una vez que se hayan pasado los hilvanes flojos, se efectúa el hilvanado de los pliegues. Se coge un doblez por el derecho de la tela, en la línea AC (borde exterior del pliegue), seguidamente montaremos este borde hilvanándolo sobre la línea A_3C_3, dejando dentro del pliegue la línea A_2C_2.

Después pasaremos un pespunte formando una pestaña estrecha en el borde de los pliegues, o sea por la línea AC, bajando unos 15 cm desde la cintura.

A continuación uniremos la parte trasera a la delantera, hilvanando los costados de la falda, dejando un trozo sin hilvanar en el costado izquierdo para colocar la cremallera.

Se coloca la cinturilla, y por último cogeremos el doblez del bajo sujetándolo con un hilván largo.

Primer modelo de chaquetón con doble botonadura

Este bonito modelo es cruzado delante con doble botonadura. Los bolsillos son de parche. En la espalda lleva dos pliegues encontrados (Fig. 13).

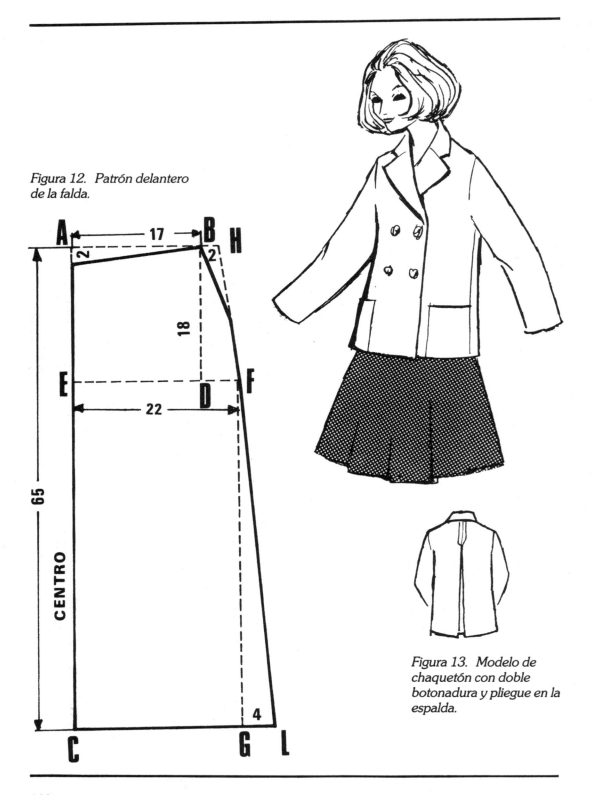

Figura 12. Patrón delantero de la falda.

A — 17 → B H

2 · · · 2

18

E · · · · D · F

← 22 →

65

CENTRO

4

C · · · · G L

Figura 13. Modelo de chaquetón con doble botonadura y pliegue en la espalda.

Para el estudio de este modelo, emplearemos las medidas siguientes:

Ancho de espalda .... 36 cm
Largo de talle espalda .... 40 cm
Largo de talle delantero .... 42 cm
Altura de hombro .... 35 cm
Contorno de cuello .... 36 cm
Sisa (mitad de su vuelta) .... 17 cm
Contorno de pecho: 86 más 4 .... 90 cm
Altura de cadera .... 18 cm
Contorno de cadera: 84 más 4 .... 88 cm
Largo total de chaquetón .... 66 cm
Largo de manga .... 59 cm
Largo de sangría .... 43 cm
Contorno de muñeca: 16 más 10 .... 26 cm

Para esta clase de prenda conviene tomar las medidas bastante holgadas.

Patrón de la espalda

Empezamos, como siempre, dibujando el patrón-tipo recto. Desde A a B se pone la medida del ancho de espalda, y desde A a C el largo de talle de espalda (Fig. 14).

Con el largo total del chaquetón se alarga la línea AC y la BD.

Como recordará usted, llamamos anchura de escote a la distancia AG, la cual medirá la sexta parte del cuello más 1 cm.

La moda impone a veces los hombros altos y anchos en chaquetones y abrigos. En tal caso elevaremos el hombro 1 cm y lo alargaremos hacia afuera 1 cm, trazando después la nueva línea del hombro.

Terminado el patrón-tipo señalaremos la altura de cadera con el punto O, desde donde trazaremos a continuación la línea de cadera en la forma acostumbrada. Esta línea la prolongaremos seguidamente 4 cm, señalando el punto O_3.

Después se dibuja la línea del costado desde K, pasando por O_3 y terminando en la línea del bajo con el punto L.

En estas prendas amplias conviene escotar la sisa por abajo. Con 2 cm que escotemos es suficiente. Vea la figura 14.

Ahora hay que añadir al patrón los centímetros necesarios para el pliegue que lleva el modelo en la espalda. Para ello dibujaremos dos

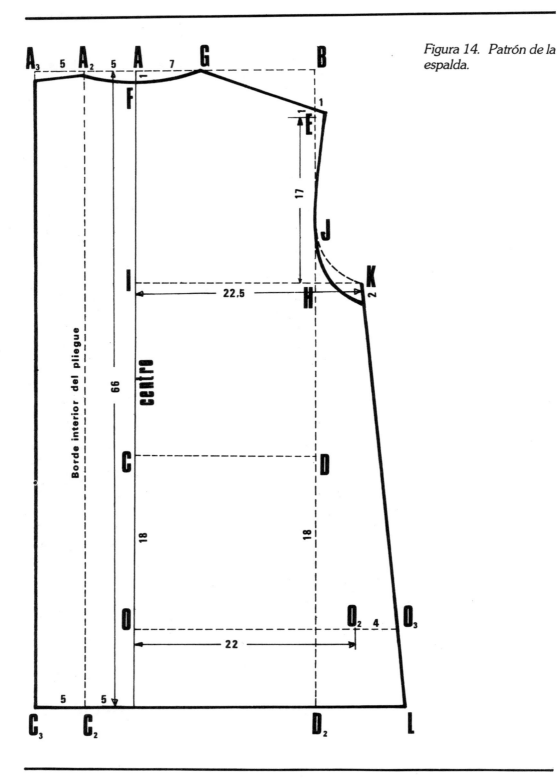

Figura 14. Patrón de la espalda.

líneas paralelas a la línea de centro, separadas entre sí los centímetros que vayamos a dar de profundidad al pliegue, en este caso 5 cm. Finalmente se dobla el pliegue, de forma que la línea A_2C_2 quede en el interior del mismo. Después se pasa fuertemente el lápiz por la curva del escote, con objeto de que quede marcada en el pliegue.

Patrón del delantero

Se empieza trazando el patrón del delantero como el patrón-tipo (Fig. 15).

En el largo total de chaquetón se le dan 2 cm más de largura y estos se suben luego en la costura del costado para que quede con la misma medida que en la espalda.

A la línea de pecho le aumentamos 2 cm para dar holgura al delantero.

Al escote le pondremos 6 cm de bajada, y de anchura seguimos poniendo la medida de la forma acostumbrada, es decir la sexta parte de cuello, más 1 cm.

Después se traza la sisa, escotándola 2 cm por abajo, como hicimos en la espalda. El hombro lo elevaremos y alargaremos 1 cm.

Para darle un poco de vuelo al chaquetón, se prolonga la línea de cadera 4 cm, desde O_2 a O_3. Seguidamente se dibuja la costura del costado, en la cual subiremos los 2 cm de desnivel desde los puntos L y O_3 respectivamente.

A continuación le añadiremos al patrón 7 cm para el cruce, trazando después la línea A_2C_2.

Después se prolonga el escote en línea recta, desde F hasta la línea de cruce, señalando el punto F_2.

Para trazar la línea que indica el doblez de la solapa, marcaremos, en la línea A_2C_2, un punto, 10 cm más abajo que la línea de pecho. El otro punto lo señalamos a 2,3 cm de G, que es la tercera parte de la anchura de escote. Uniendo estos dos puntos tenemos la línea que indica el doblez. Vea en la figura 15 dicha línea y el doblez de la solapa, señalada con línea de trazos.

La vista podríamos trazarla en una pieza con el delantero, puesto que el borde de la solapa es completamente recto; pero es preferible ponerla postiza porque en las prendas de solapas grandes resulta feo.

Por tanto, la vista se corta aparte, calcando el borde del delantero y dándole en la parte superior la anchura A_2G, más 2 cm, y en la inferior pondremos 9 cm, a partir de C_2, hacia dentro. No olvide que, tendrá que dar 2 cm más para costuras, al cortar la tela.

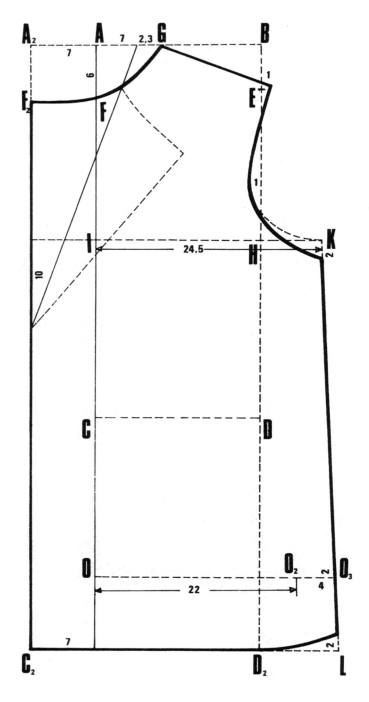

Figura 15. Patrón del delantero.

Patrón de la manga

Trazaremos el patrón-tipo de manga recta, poniendo entre BC la medida de sisa, más 2 cm. Aumentamos estos 2 cm porque es lo que hemos escotado la sisa del cuerpo (Fig. 16).

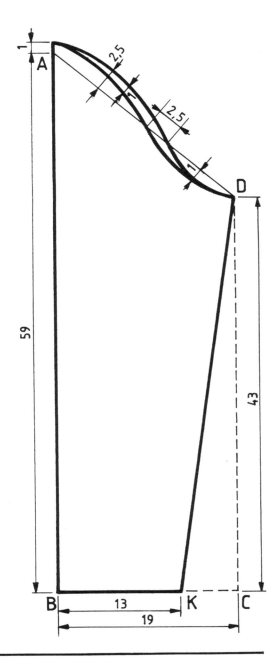

Figura 16. Patrón de la manga.

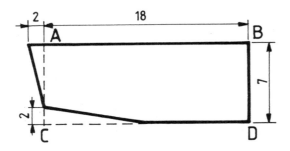

Figura 17. Patrón del cuello.

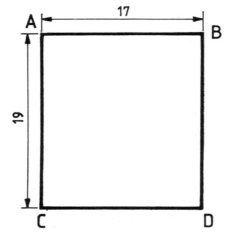

Figura 18. Patrón del bolsillo.

También tenemos que elevar la enmangadura 1 cm puesto que hemos elevado el hombro del chaquetón.

Patrón del cuello

Para trazar este patrón hay que medir el escote completo de la prenda, y con la mitad de esta medida trazamos el largo del cuello, que en este caso son 18 cm.

Empezaremos dibujando un rectángulo de 18 cm de largo, por 7 cm de ancho. se traza sobre papel doblado con objeto de que salga el cuello completo. Después se suben 2 cm desde C, y desde este punto se dibuja una curva hasta D. Para dibujar la punta se sacan 2 cm desde A. Vea en la figura 17 el trazado de este patrón.

Patrón del bolsillo

Este patrón es muy sencillo, consiste en hacer un rectángulo de 17 cm de ancho por 19 de alto, tal como se ve en la figura 18.

Confección del modelo

Todos los detalles de confección los conoce usted ya. Unicamente le explicaremos, pues, los detalles que ofrecen alguna particularidad.

Los pliegues de la espalda van encontrados, o sea al hacer el plegado sus bordes exteriores han de montar sobre la línea A_3C_3.

A fin de que los pliegues queden sujetos, pasaremos un pespunte a 1 cm de cada borde, formando pestaña, que bajará unos 15 cm desde el escote.

El cuello podemos cortarlo en entretela para poder rectificarlo en la primera prueba. Luego lo cortaremos en tela doble y lo confeccionaremos como un cuello corriente.

Los ojales son de tela.

Los bolsillos son de parche y se confeccionan aparte forrándolos debidamente.

Segundo modelo de chaquetón con mangas anchas y semilargas

Este modelo, a pesar de su sencillez, resulta muy lindo y elegante (Fig. 19).

El delantero es sin cruzar y lleva bolsillos cortados en sentido vertical.

Las mangas son anchas y semilargas con carteras.

La espalda lleva costura en el centro. Esta costura se puede suprimir si se desea hacer la espalda de una pieza.

Para el trazado de este modelo vamos a emplear las mismas medidas del ejemplo anterior.

Patrón de la espalda

Su trazado es sencillísimo, puesto que se trata del patrón-tipo con insignificantes modificaciones (Fig. 20).

A la costura del costado se da un poco de vuelo prolongando la línea de cadera 4 cm con el punto O_3. Si se desea dar más vuelo al chaquetón, lo haremos en la costura del centro, prolongando la línea de

Figura 19. Modelo de chaquetón con mangas anchas y semilargas.

cadera desde O hacia afuera, y trazando después una nueva línea desde A hasta el bajo, tal como se indica en la figura 20.

La sisa la escotaremos 2 cm y subiremos 1 cm el hombro para holgura de la hombrera. (Naturalmente, si no queremos ponerle hombreras al chaquetón no subiremos el hombro.)

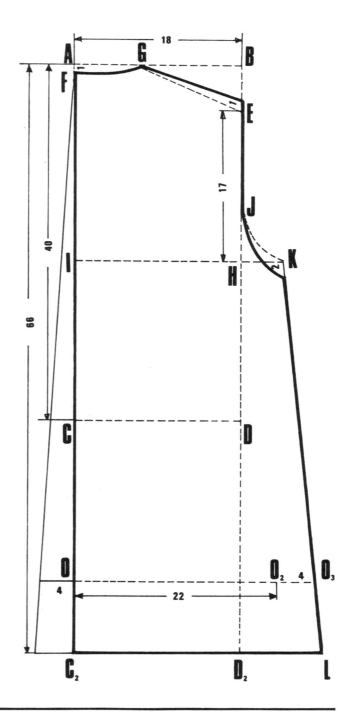

Figura 20. Patrón de la espalda.

Patrón del delantero

Este patrón delantero, al igual que la espalda, es muy fácil de realizar, como puede ver en la figura 21.

Al escote le daremos 6 cm de bajada, o sea 1 cm menos que de ancho, a fin de que quede bien ajustado.

Una vez terminado el patrón-tipo, a la costura del costado se le dan 4 cm de vuelo en la línea de cadera. Después se escota la sisa 2 cm y se eleva el hombro 1 cm.

Puesto que este modelo no lleva cruce, únicamente aumentaremos el trozo de la vista, la cual puede verse dibujada en la figura 21. Le pondremos de anchura la medida del ancho de escote más 1 cm.

Patrón de la manga

Como se trata de manga semilarga, no emplearemos las medidas del ejemplo anterior, sino las siguientes:

Largo total de manga .... 49 cm
Medida de sisa .... 19 cm

Como puede ver, hemos aumentado 2 cm a la medida de sisa, porque es lo que hemos escotado en la sisa del cuerpo. Para este modelo no necesitamos la medida de sangría ni la del contorno de muñeca.

Empezaremos trazando el patrón-tipo de manga con las medidas correspondientes. Desde A a B pondremos el largo total de manga, que son 49 cm, y desde B a C la medida de sisa, es decir 19 cm (Fig. 22).

Después, desde A, se traza una paralela a BC y con su misma medida, y señalamos el punto con la letra C_2, el cual lo uniremos con C.

A partir de C_2, hacia abajo, pondremos la medida de sisa, menos 3 cm, y señalamos el punto D.

Para dibujar la enmangadura tenemos que subir 1 cm desde A, pues recuerde que hemos elevado el hombro del chaquetón.

Cartera de la manga

Para realizar el patrón de la cartera, se dibuja un rectángulo que tenga de largo la medida de sisa de la manga, es decir 19 cm, y de ancho lo que nosotros queramos darle a la cartera, en este caso hemos puesto

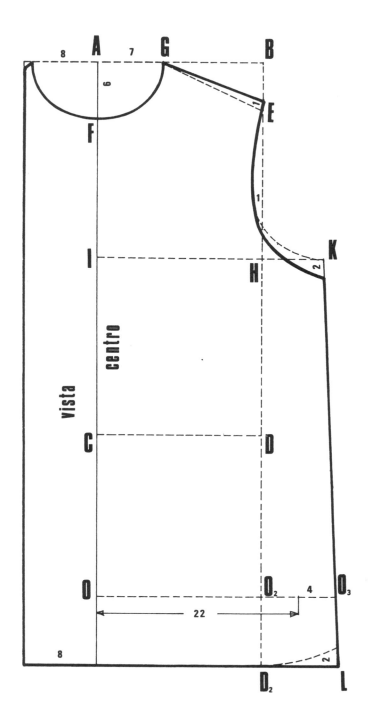

Figura 21. Patrón del delantero.

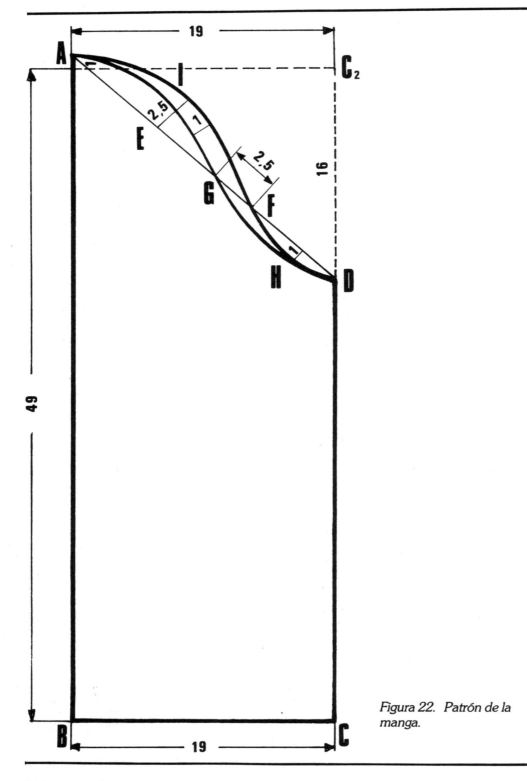

Figura 22. Patrón de la manga.

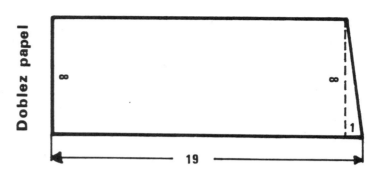

Figura 23. Patrón de la cartera de la manga.

8 cm (Fig. 23). En el extremo inferior se saca 1 cm y se une este punto con el extremo superior del rectángulo.

Este patrón se traza sobre papel doble.

Patrón del cuello

Se trata de una tira de 4 cm de ancha y con una largura de la mitad de la medida completa de escote (Fig. 24).

Este patrón se traza sobre papel doble.

Para que la tira quede bien sentada al coserla, le daremos la forma que tiene en la figura 24, y para ello hemos de subir 2 cm los extremos de la tira, opuestos al doblez del papel.

Confección del modelo

Por la sencillez de este modelo, la confección no ofrece ninguna particularidad.

Todos los patrones se cortan sobre tela doble, siguiendo la dirección del hilo de la tela. Utilizando los mismos patrones, cortaremos los

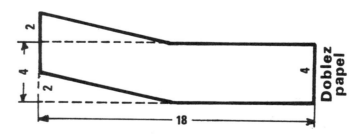

Figura 24. Patrón del cuello.

forros. Recuerde que en los delanteros los forros sólo llegarán hasta la vista.

El cuello conviene cortarlo provisionalmente en entretela y si al hacer la primera prueba sienta bien se corta sobre tela doble y se confecciona como un cuello corriente. La manera de colocarlo es muy sencilla. En primer lugar, se dobla la vista hacia adentro, cosiendo su borde a punto de lado. A continuación se encara la encimera del cuello con el derecho de la prenda y se prenden con un alfiler los dos extremos, los cuales han de coincidir con el punto F del patrón. Después se pasa un hilván por todo el borde del escote. Seguidamente se cose a pespunte siguiendo el hilván y, por último, se levanta el cuello y se dobla hacia adentro el borde de la bajera que coseremos a punto de lado, sujetando, al mismo tiempo, el forro del chaquetón.

Los bolsillos son cortados con ribete de tela.

Las carteras de las mangas se cortan sobre tela doble y se confeccionan por separado como si se tratara de un cuello. Antes de colocarlas les pasaremos un pespunte a 1,5 cm del borde para adornarlas.

También pasaremos un pespunte por los bordes de los delanteros y el cuello.

Indice

Introducción 5

1. NOCIONES ELEMENTALES PARA EL TRAZADO DE PATRONES

Utiles necesarios para el trazado de patrones 8
Clases de líneas 9
Forma de indicar las medidas 10
Medidas que se requieren para el trazado de patrones 11
Explicación del patrón-tipo 16
Trazado del patrón corto 17
Ejemplo práctico. Patrón de espalda 21

2. TRAZADO DE PATRONES-TIPO (I)

Trazado del patrón-tipo delantero corto recto 26
Ejemplo práctico. Patrón del delantero corto recto 29
Diferencias que existen entre los patrones de espalda y delantero 32
Trazado del patrón-tipo delantero corto con pinza 32
Ejemplo práctico. Patrón delantero corto con pinza 38
Trazado del patrón-tipo de manga recta 41
Ejemplo práctico. La manga recta .. 45
Partes de que consta la manga recta 49

3. TRAZADO DE PATRONES-TIPO (II)

Patrón-tipo de falda recta 52
Ejemplo práctico. Patrón de falda recta 55
Trazado de la falda recta con pinza 58
Trazado de la falda con vuelo en el bajo 60
Patrón-tipo de espalda recta larga .. 62
Patrón-tipo del delantero recto largo 65
Patrón-tipo del delantero largo con pinza 69
Ejemplo práctico. Patrón delantero largo con pinza 73

4. PATRONES-TIPO ENTALLADO. EL PANTALÓN

Patrón corto entallado 78
Patrón-tipo entallado largo 87
Algunas instrucciones de interés 96
Pantalón de señora 97

5. SEGUNDO MODELO DEL PATRÓN-TIPO ENTALLADO. PANTALÓN DE SEÑORA

Patrón-tipo corto entallado 104
Patrón-tipo largo entallado 111
Trazado del patrón de espalda largo entallado en el centro 116
Pantalón de señora amplio desde las caderas 119

6. DETALLES SOBRE LA CONFECCIÓN (I)

Utensilios para la costura 126
El planchado de las prendas 128
Los hilvanes 129
Las costuras 133
Los dobladillos 137
Explicación sobre el remate de las
prendas 143

7. DETALLES SOBRE LA CONFECCIÓN (II)

Los ojales 152
Botones 164
Abertura de las faldas 165
Cinturilla 167
El bajo 168
Las presillas 168
Los piquetes 169
Los aplomos 171
Hombrera 173
Diferentes clases de aberturas 175
Colocación de puños 181

8. INSTRUCCIONES PARA CORTAR SOBRE TELA. PRUEBA Y REMATE DE LA PRENDA

Diferentes clases de cuellos 186
Picado 188
Diferentes clases de bolsillos 190
Instrucciones para cortar sobre tela 201
Armado de las prendas 204
Instrucciones para la primera prue-
ba 208
Cosido final de la prenda 216
Normas para la colocación de fo-
rros 217

9. APLICACIÓN DE LOS PATRONES-TIPO

Primer modelo de blusa 220
Segundo modelo de blusa 229
Bata de casa 238

10. DIFERENTES MODELOS DE FALDAS

Falda de media capa 254
Falda de capa entera 259
Falda acampanada 260
Falda de cuatro costuras 264
Falda plisada al hilo 266

11. DIFERENTES MODELOS DE VESTIDOS

Primer modelo. Vestido con gala ... 272
Segundo modelo. Vestido con plie-
gues en el delantero 284

12. TRAJES DE CHAQUETA Y CHAQUETONES

Primer modelo de traje de chaque-
ta ligeramente entallado 302
Segundo modelo de traje de cha-
queta muy entallado 312
Falda 316
Primer modelo de chaquetón con
doble botonadura 319
Segundo modelo de chaquetón
con mangas anchas y semilargas 327